老舍之死及其他

傅光明 著

現代文學研究叢刊

文史哲出版社印行

國家圖書館出版品預行編目資料

老舍之死及其他 / 傅光明著. -- 初版. -- 臺北
市：文史哲，民93
　　面：　公分. -- (現代文學研究叢刊；12)
ISBN 957-549-561-6(平裝)

1.舒慶春（1899–1966）–作品評論 2.舒慶
春 – 傳記

848.6　　　　　　　　　　　　93009400

現代文學研究叢刊　　12

老舍之死及其他

著　　者：傅　　　光　　　明
出 版 者：文 史 哲 出 版 社
http://www.lapen.com.tw
登記證字號：行政院新聞局版臺業字五三三七號
發 行 人：彭　　　正　　　雄
發 行 所：文 史 哲 出 版 社
印 刷 者：文 史 哲 出 版 社
臺北市羅斯福路一段七十二巷四號
郵政劃撥帳號：一六一八○一七五
電話 886-2-23511028・傳真 886-2-23965656
實價新臺幣二八○元
中華民國九十三年(2004)六月初版

老舍寫作照

1957年夏，趙樹理、老舍、楊朔（左起）在中國作協院內

1956 年 3 月老舍在全國青年文學創作者大會上作報告

1959 年夏老舍全家在院中合影

老舍與曹禺在一起交談（1958 年 2 月 11 日）

1965 年 4 月 20 日老舍（右）、劉白羽（左）與日本作家水上勉

老舍的文學地圖（代序）

　　任何一位大作家，都有一幅由創作精心繪製成的文學地圖，那上面每一處不同時期的人物和地點座標，都是解讀作家創作文本及進入其深廣的內心世界不可或缺的文學密碼。因爲每一幅地圖上都烙印著那個作家不可磨滅的個性創造，它無疑承載著作家生活、戀愛和痛苦等太多層面的現實折光。即便像哈代和福克納創造的威塞克斯和約克納帕塔法郡那樣似乎純粹的文學地名，也並非是完全虛構出來的。這裏，現實與虛構靈動而藝術地交融在一起。因此，若非以與作家心靈相契合的靈犀想像破譯這份特殊的密碼，或許就會在解讀作家作品的探幽析微中產生迷失。也許這正是文學地圖的奇妙與魔幻。

　　一個意味深長的現象是，作家文學地圖上的座標原點，往往就是他度過有童年深刻記憶的地方，即是日後給他寫作帶來無盡素材和靈感的心靈故鄉。這故鄉可能是一處，也可能是多處。眞實的和文學創作中藝術想像出來的兩個故鄉之間，是息息相關的。美國作家威爾第說，「事實是，小說與地方的生活密不可分。」「地方提供『發生了什麼事？誰在那裏？有誰來了？』的根據——這就是心的領域。」也就是地理爲文學提供了藝術想像的領域和空間。這自然是研究作

家作品的另一個獨特視野。

當老舍服膺於狄更斯、康拉德等英國小說家，以創作之筆描畫文學地圖之初，就像許多大作家一樣，把座標牢牢地定位在——北京——出生並度過青少年時期的故鄉；文學寫作中心靈和精神的故鄉。他從創作第一個短篇小說《小鈴兒》，到真正意義上的文學處女作、長篇小說《老張的哲學》，再後來一發不可收連續創作的小說《二馬》、《趙子曰》、《離婚》、《駱駝祥子》、《月牙兒》、《我這一輩子》、《四世同堂》，最後到未完成的鴻篇巨制《正紅旗下》，除了《正紅旗下》，幾乎都是在北京以外的地方，或倫敦，或濟南、青島、重慶寫的。換言之，雖然寫作時他是在故鄉之外遙遠的異地，但他創造的文學人物和文學情境卻在文學地圖上呼之欲出。這種文學創作中自覺而自然的反照，理應成為研究者尤其是傳記作家敏銳感覺到的。

令我無比心儀的文學傳記作家有兩位，法國的安德烈·莫洛亞和德國的茨威格。他們各自寫的《雨果傳》和《巴爾扎克傳》都是最好的文學傳記的典範。這當然與他們本身是大作家密切相關，同時也意味著他們成功地破譯了雨果和巴爾扎克文學地圖上複雜難解的密碼。

對安德烈·莫洛亞來說，「寫傳記意味著按事物的本質證實自己對人性的信念……對於我來說，傳記是歷史形式之一，因為我認為人不僅是受歷史法則支配的客體，而且是創造歷史的主體。」這種寫傳記的思想、觀念，對樹碑立傳慣了的中國傳記作家，不知能否產生震撼和影響。至少這句

話對正嘗試寫作《老舍傳》的我來說，找到了一把絕好的尺規。我對老舍的學術研究也正想努力梳理出一部明晰的文學地圖，並由此呈現這位中國現代大作家的生活、創作與思想。

義大利作家卡爾維諾在他形式獨特的小說《看不見的城市》裏有一段描寫：「大汗擁有一部地圖集，裏面收集了所有城市的地圖，有的城市有著築石堅固的城牆，有的已是被風沙淹沒的廢墟，有的依舊會繼續存在，有的迄今只存狡兔的窟洞。」美國作家梅爾維爾曾說，「在某種意義下，幾乎所有的文學作品都是旅遊指南。」

那麼，每位作家手裏的這部地圖集，是會蝕刻在歷史時間的永恒記憶裏呢？還是像人們丟棄一張廢紙一樣扔進垃圾堆？是與一代又一代讀者的文學想像同在？還是偶爾被拾起時已變得支離破碎？則完全取決於它是不是一幅導覽心靈探險的眞正而純粹、高貴而藝術的地圖，並有著永恒的歷史與文化的生命力。

作家的藝術生命是靠著他的文學地圖延續著，莎士比亞筆下的斯特拉福德，雨果筆下的巴黎，狄更斯筆下的倫敦，哈代筆下的威塞克斯，喬依斯筆下的都柏林，勞倫斯筆下的伊斯特伍德小鎮，福克納筆下的約克納帕塔法郡等等，無不如此。當然，老舍筆下的北京也是這樣。

在此書付梓前，忽有一點感慨，但願裏邊也有靈悟，寫下來就代爲序吧。並藉此再向彭正雄先生和張堂錡先生感謝他們的玉成之德。

傅光明　二〇〇三年六月八日於中國現代文學館

老舍之死及其他

目　　錄

「文牛」、「寫家」

一

　　一八九九年二月三日傍晚，北京宛平縣小羊圈五號屬正紅旗的滿族舒家生下排行第八的「老兒子」──老舍以後，母親暈過去了半夜。多虧大姐將他揣在懷中，才沒有被凍死。因這一天是舊曆臘月二十三日，正值「小年」，又逢「立春」，老舍的學名便取做「慶春」。老舍誕生的這座今爲新街口南大街小楊家胡同八號的小院，在過了八十幾年後，由電視連續劇《四世同堂》的熱播而變得家喻戶曉。因爲其中的故事就發生在「小羊圈」，「祁家大院」則是生養了老舍的家。一九四九年以後，老舍寫《正紅旗下》，故事也是從這裏開始。這裏是老舍生命的起點。

　　一九〇〇年，八國聯軍入侵北京時，老舍的父親是在巷戰中抗擊抵抗的一名正紅旗護軍士兵，因洋兵的子彈打燃了他身邊撒落的火藥，被燒致死。老舍沒了父親，母親又沒有了奶，只好天天吃棒子麵與鹹菜，身體發育不好，長得十分瘦弱，到三歲還不會說話和走步。一家的生活全靠母親給人洗衣、補衣勉強維持。在老舍的童年記憶裏，他「沒有任何的玩具！當母親拆洗棉被的時候，我扯下一小塊棉花；當家裏偶爾吃頓白麵的時候，我要求給我一點揉好的麵，這就是

我的玩藝兒。」然而「生命是母親給我的。我之能長大成人，是母親的血汗灌養的。我之能成爲一個不十分壞的人，是母親感化的。我的性格，習慣，是母親傳給的。」（《我的母親》）

老舍長到六歲還不識一個字。一天，家裏來了位串門的鄰居——「好善」的「闊大爺」劉壽綿。老舍叫他劉大叔，後來出家當了和尚，法名宗月。一九四〇年，老舍在他圓寂以後，專門寫了一篇散文《宗月大師》，深情地懷念他，「沒有他，我也許一輩子也不會入學讀書。沒有他，我也許永遠想不起幫助別人有什麼樂趣與意義。……我在精神上物質上都受過他的好處，現在我的確願意他眞的成了佛，並且盼望他以佛心引領我向善，正像在三十五年前，他拉著我去入私塾那樣。」

劉大叔見老舍聰慧伶俐，將來會有出息，便出錢、介紹他入了離家半里地在一座道士廟裏的改良私塾——北京私立慈幼學校。三年以後，儘管劉大叔的「財產大半出了手」，他還是資助老舍轉入了一家正規、公立的學校繼續讀書。一九一三年，考進市立第三中學。因家庭困難，交不起學費而輟學。半年後，瞞著母親，又考取了「制服，飯食，書籍，宿處，都由學校供給」的北京師範學校。他最喜歡老師上詩文課和植物學，而「對幾何、代數和英文好像天生有仇。」他開始學著作詩，作賦，並已經顯露出演講方面的才能。

一九一八年七月，十九歲的老舍以優異的成績從師範學校畢業後，即被京師學務局委任爲京師公立第十七高等小學

校兼國民學校校長。回到家，他對母親說：「以後，您可以歇一歇了！」而母親的回答「只有一串串的眼淚」。這所學校就是今天的北京市東城區方家胡同小學，它在校歌裏依然緬懷著他們的老校長並時刻以他爲榮：「我們的花兒在開放，我們的小鳥在飛翔，可愛的校園越來越漂亮，敬愛的老師和藹又慈祥。啊，老舍先生，我們的老校長，遠遠地看著我們歡度童年的金色時光。」

老舍說，「假如沒有五四運動，我很可能終身做這樣的一個人：兢兢業業地辦小學，恭恭順順地侍奉老母，規規矩矩地結婚生子，如是而已。我絕對不會忽然想起搞文藝。」「五四」以前，老舍寫散文刻意學「桐城派」，詩則模仿陸游與吳梅村。而「五四」白話文學的興起，使他不由得狂喜。他開始偷偷地寫起小說。「五四」運動送給了他「一雙新眼睛」，「給了我一個新的心靈，也給了我一個新的文學語言。」「『五四』給我創造了當作家的條件。」反封建使他體會到人的尊嚴，人不該作禮教的奴隸；反帝國主義使我感到中國人的尊嚴，中國人不該再做洋奴。這兩種認識成了他寫作最基本的思想與情感，並始終貫穿在他的文學創作中。所以他說，「沒有『五四』，我不可能變成個作家。」

老舍眞正意義上的文學處女作應該是他在一九二二年辭去薪水不錯的北京郊外北區勸學員，到天津南開中學教國文那半年時爲給學生示範而寫的短篇小說《小鈴兒》，發表在一九二三年一月廿八日第二、三期合刊的《南開季刊》上，署名舍予。但老舍一直覺得：「它只有點歷史的價值，我的

第一篇東西——用白話寫的。」但《小鈴兒》是老舍對自己基本寫作思想與情感的最初文學表達與實踐，裏邊那個長大以後要打日本、雪國恥，爲戰死南京的父親報仇的小學生「小鈴兒」，何嘗不是童年老舍的寫眞！

　　人生的造化實在奇妙無比，一個生命的選擇往往因爲與另一個生命的不期而遇就改變了。而在那之前，他竟茫然得一無所知。兩個生命碰撞以後，人生的軌跡向何處去，他也未見得當下就知曉。人們習慣把這稱爲機遇，而機遇只提供給那些能在瞬間捉住並把握好它的幸運者。

　　老舍是幸運的。一九二二年夏，他在北京缸瓦市倫敦教會受洗，成了一名基督徒，在缸瓦市中華基督教會任職。一九二三年初，從天津回到北京，他擔任了北京教育會文書，兼京師第一中學的國文教員。不久，結識了從英國到中國來傳教並在燕京大學神學院任教的伊文斯教授，得到他的賞識。後經他介紹，利用業餘時間去旁聽燕京大學的英文課。到了一九二四年，還是由伊文斯推薦，被倫敦大學東方學院任命爲中文講師，合同期爲五年。

　　老舍在這裏除講授官話口語、翻譯，還開過系列的歷史文選、道教、佛教文選、唐代愛情小說等講座、課程。爲好好教學，他與一位英國教授及其助手利用業餘時間，編了一套配有唱片的中文教材《言語聲片》，由倫敦林格風出版社出版。書中的文字全由老舍手寫並錄音。現在這套保留著老舍教學清晰原聲的彌足珍貴的唱片，除荷蘭的萊頓大學圖書館以外，中國現代文學館也藏有一套。

在英國期間，老舍還幫助英國的大學者艾支頓將「明代最傑出的白話小說」《金瓶梅》譯成了英語。當《金瓶梅》的英文譯本出版時，艾支頓在扉頁上寫著「獻給我的朋友舒慶春」，並在「譯者說明」的開篇首語即表明：「在我開始翻譯時，舒慶春先生是東方學院的華語講師，沒有他不懈而慷慨的幫助，我永遠也不敢進行這項工作。我將永遠感謝他！」不難看出，在艾支頓對老舍誠摯友誼的感謝裏，透露出了老舍為幫他把這部中國古典名著翻譯成英文所付出的辛勞。

令人驚奇的是，老舍在《言語聲片》裏就已經流露出對「近來出版的」「新小說」的看法，覺得小說用白話寫實在比舊小說「生動有趣」，不光「有意思」，更「有一些文學上的價值」。他很清楚，他心底湧起的創作衝動、要抒發的思想意緒和對人生與世界的看法，就是要用新白話小說的形式來釋放。白話是提供給他施展文學天賦的最大的寫作機遇。

老舍的文學寫作生涯從倫敦開始了。他一邊教書，一邊泡圖書館，貪婪地閱讀了大量英國作家，尤其是狄更斯的小說，從中汲取著創作營養。他最初的幾個長篇小說，從語言風格，到描寫人物，都突顯出狄更斯獨具的韻致。他說，「到了英國，我就拼命的念小說，拿它作學習英文的課本。念了一些，我的手癢癢了。」抱著寫小說是件「很好玩的事」的初衷，老舍嘗試著寫作他的第一部長篇小說《老張的哲學》。

一九二六年七月，國內有名的《小說月報》從第十七卷

第七號開始連載發表《老張的哲學》，署名「舒慶春」。自第八號起，中國現代文壇第一次出現了「老舍」的名字。這使他「快活得連話也說不出，心裏笑而淚在眼圈中。」

二

一九二六年底，老舍離開旅居五載的倫敦，踏上歸國的航程。先溯塞納河遊歷了荷蘭、比利時、瑞士、德國、義大利等國以後，到了巴黎。而此時囊中羞澀的他，兜裏的幾個錢只夠買三等船票到新加坡。

航行在浩瀚的印度洋上，衣袋裏僅剩約合一塊多大洋的十幾法郎，連香檳酒都不敢喝，卻不妨礙他在想像裏啓動他最喜歡的英國航海作家康拉德對大海的壯闊描繪。雖然在英國「紳士」了幾年，熱鬧非凡的三等艙，使平民出身、打小受窮的他，並沒有什麼不適應。而且，三等艙也是平民的人生舞臺，他就是爲寫他們而生的。這樣鮮活的平民生活場景，不正可以爲他的文學天地提供廣闊的創作素材嗎？

船到新加坡，老舍幾乎身無分文，只能賭注般對言語不通的洋車夫用手向前一指，便由著命運之手的牽引，將他拉到了恰在這條街上的商務印書館門前。老舍後來回憶起來，還有點後怕，「它若不在這條街上，我便玩完。」

見到商務印書館的招牌，老舍似乎神氣了許多。他對夥計說：「你們這裏有《小說月報》嗎？」有。「把最近兩期拿來。」他指著此時上邊正連載的長篇小說《二馬》說：「我就是老舍。」而後，他向經理說明了要在這裏找份工作

籌足路費回國的想法。商務印書館沒有合適的職位，經理
客氣地介紹他認識了南洋兄弟煙草公司的黃曼士。最後經中
華書局的徐采明介紹，到華僑中學去做華語教員。「有了事
做，心才落了實。」

　　「一到新加坡，我的思想猛地前進了好幾丈。」從與
新加坡華僑的接觸中，他強烈感受到「中國人開發南洋的功
績」。他放下手裏正寫著的愛情小說，而要寫一部以中國人
開發南洋爲背景的康拉德式的小說。由於各種條件的限制，
比如「錢不夠花，而時間也不屬於我，」書沒寫成。但他以
詩人和藝術家敏銳的眼光找到切入這個主題的視角，「以小
人們作主人翁來寫出我知道的南洋。」本著「要以兒童爲主，
表現著弱小民族的聯合」的藝術構思，老舍白天上課，晚上
寫作，在三個月的時間裏寫出了童話小說《小坡的生日》。
他還由此「明白了白話的力量；我敢用最簡單的話，幾乎是
兒童的話，描寫一切了。」

　　與華僑中學半年的合約期滿，母親也不斷來信在催了，
一九三〇年二月底，老舍抱著「東方民族是受著人類所有的
一切壓迫；從哪兒想，他都應當革命」的信念，登舟返國。
新加坡在他心中留下的是一片「常在夢中構成各樣動心的圖
畫的」顏色，這顏色「是實在的，同時可以是童話的、原始
的、浪漫的。」

　　回到北平，母親最著急的是他的婚事，朋友們也多催促
他趕快成個家。他倒沈得住氣，還怕會因爲結婚而疏遠了朋
友。從這可以看出他有著多麽不願受羈絆束縛的自由心性和

對朋友的至誠。直到朋友們著急地說，你要是再不結婚，就會變成一個脾氣古怪的人，我們便不再理你。他才無奈地表示，好吧，不過要你們幫我找。

　　從新加坡回來，他本不打算再教書了，可光寫作養不起家。而此時北平又是一片窒息、蕭颯與悲涼，哪有什麼「東方革命」的圖景。一九三○年夏，心境迷惘的老舍接受了山東齊魯大學文學院的聘請，赴濟南任教，擔任齊魯大學國學研究所文學主任兼文學院文學教授。任教期間，他先後講授過《文學概論》、《小說作法》和《世界名著研究》等課程，並兼職《齊大月刊》的編輯。

　　四年的濟南時光，「努力地創作，快活地休息」，在他的心裏留下了深深的印記，是他人生「自成一段落」的時期，「時短情長，濟南就成了我的第二故鄉。」他也以《一些印象》、《非正式的公園》、《趵突泉的欣賞》、《弔濟南》等散文名篇，啓動了濟南這座泉城的藝術靈性。濟南四年，也是他創作的一個豐收期，除後來文稿被焚毀的長篇小說《大明湖》，他還創作了《貓城記》、《離婚》和《牛天賜傳》三部長篇，以及《微神》、《黑白李》等十五個短篇小說。同時，他在《論語》和《申報·自由談》上發表了數量可觀的幽默諷刺詩文，結集成姿態橫生、獨具韻致的《老舍幽默詩文集》出版。

　　老舍的終身大事也是在這段時間完成的。一九三一年四月四日，先回北平與胡絜青訂婚。暑假，七月二十八日，倆人在北平報子街聚賢堂飯莊舉行婚禮。婚後，把寫作當成第

二生命的老舍即向新婚夫人懇切表達了自己由寫作帶來的兩個「小毛病」：「㈠每天早上起床之後，我從不說話，腦子裏裝滿了要寫的東西。不要奇怪，我絕不是在生氣，請你原諒；㈡你看見我一個人點起煙捲想事的時候，請千萬別理我。」

　　一九三三年九月五日，三十四歲的老舍成了父親。這頭一個女兒因在濟南出生，名字就取作了「濟」——舒濟。他把有了小孩以後的快樂感覺和妙趣寫成了情趣無比的散文《有了小孩以後》。他愛孩子，願永遠作孩子們的頭兒，因為孩子們是「光明」，是「希望」，是「歷史的新頁」。

　　一九三四年七月，老舍辭去齊魯大學教職，隻身來到上海，想「試試職業寫家的味兒」。但上海的文化空氣在國民黨政府的肆意「圍剿」下，已是滿目瘡痍，一些書店、圖書及電影公司先後被搗毀。老舍作專業自由寫家的夢再一次破滅，「專仗著寫東西吃不上飯」。九月，老舍折回濟南，接受今天青島海洋大學前身山東大學的教聘，攜家遷往青山碧海的青島，就任山東大學中國文學系教授。他先後擔任過《歐洲文藝思潮》、《外國文學史》、《小說作法》、《高級作文》（即《小說創作》）等課程。由於他已經是聞名國內的小說家、幽默大師，他的課格外受學生們歡迎。但據聽過他課的學生回憶，「他上課卻總是嚴肅，即使偶然流露些幽默的談吐惹得同學們發笑，而先生自己卻從來沒有笑過。」他對學生從來不擺大作家的架子，為人謙遜和藹；教學嚴謹，肯於犧牲；寫作勤苦。他曾把自己做人做事的理念題贈

學生共勉：「對事賣十分力氣，對人不用半點心機」。

一九三五年八月二十六日，老舍又喜得一子。因嫌女兒的「濟」（繁體）字筆畫太繁，小孩子難寫，這回乾脆簡化到一筆帶彎鉤的個「乙」字，寫起來既順手，又表明是排行第二。

「一二·九」北平學生抗日愛國民主運動的熱潮自然波及到青島，山東大學的學生也組織起了抗日救國會，並舉行示威遊行，支援和聲援北平學生。不想一九三六年二月，學校開學後，校方以「行為不軌」為名，強令一些學生退學。學生要校方收回成命的請求遭拒，便砸了辦公大樓，罷課示威，竟遭到青島市海軍陸戰隊的鎮壓，並有人被捕，校長被撤職。老舍深感「這是教育的失敗」，在一些教授先後辭職以後，也無意再留任。暑假一到，便辭去山東大學教職，專以賣文為生了。

但「拿寫稿子掙碗『粥』吃」的滋味並不好受，雖然每天總得寫點兒，家裏也「充滿了文藝空氣」，可他怎麼能甘願就當「這麼一架機器」。八個月過去，他發現「賣文章吃飯，根本此路不通。」當需「放棄寫作」，另謀飯碗。「餓死事大，文章事小也。」

老舍何嘗放棄過寫作，他怎麼能放棄寫作。青島時期的他，依然保持著旺盛的創作力，而且勢頭還在上升。他「最使自己滿意的作品」長篇名作《駱駝祥子》和兩部精緻的中篇小說《月牙兒》、《我這一輩子》，以及《上任》、《犧牲》、《柳屯的》、《老年的浪漫》、《善人》、《鄰居們》、

《斷魂槍》等多個短篇，還有應《宇宙風》主編林語堂之約，由連載的創作自述而連綴成的《老牛破車》，都是在青島寫成的。這時，他在藝術風格上有了一些變化，幽默的成分少了，文字也顯得「老實」和「細膩」，透出清新、凝重。重要的是，他的思想也隨之變得銳利和深刻，比如他在《駱駝祥子》的末尾說祥子：「體面的、要強的、好夢想的、利己的、個人的、健壯的、偉大的祥子，不知陪人家送了多少回殯；不知道何時何地會埋起他自己來，埋起這墮落的、自私的、不幸的、社會病胎裏的產兒，個人主義的末路鬼！」這當然已經是老舍式的國民性批判了，若單以他的小說對國民性批判得最深刻而言，還是應首推他篇幅最長的長篇小說《四世同堂》。

三

　　一九三七年「七七」蘆溝橋事變發生時，老舍還在青島趕寫著長篇小說《病夫》。全民抗戰的烽火，使他深感「戰爭已在眼前，心中的悲憤萬難允許再編制『太平歌詞』了」。隨著時局的動蕩發展，當他每每看到在「抗戰到底」的標語口號下，「一面是為國犧牲」的張自忠們，而「另一面是逍遙世外」的「祁老太爺們」，便痛心疾首。他像魯迅一樣，痛感並要深入警醒地挖掘出蝕刻在國民肌理骨髓的精神劣根，就在於「他們的不放心處只在自己與家小的安全，只求個人與家屬能趨吉避凶，其他的事情可以一概不問。」他要以一管文學寫家的筆拼命地奮起吶喊，「喊動深山僻壤，喊遍了

全國，把每一個中國人的心喊動，把每一個睡著的喚醒；然後我們才能掏出全力，跟敵人拼個我活你死。」

在這樣的心境下，他匆匆將剛生完次女舒雨不久身體還很虛弱的妻子安頓在濟南，毅然決然地隻身擠上南去的最後一班火車，奔赴當時的抗戰中心——武漢，去沐浴抗戰風雨的洗禮。多情自古傷別離，更哪堪國破山河碎。老舍一面想念著自己溫馨小家庭裏的妻子兒女，覺得太對不起他們，一面時刻記掛著「偉大文藝中必有一顆偉大的心，必有一個偉大的人格。這偉大的心田與人格來自寫家對他的社會的偉大的同情與深刻的瞭解。」「只有把自己放在大時代的爐火中，把自己放在地獄裏，才能體驗出大時代的眞滋味，才能寫出是血是淚的文字。」《四室同堂》便是這宣言最好的佐證。

在國難當頭的大時代來臨之際，他有著「祁瑞宣」一樣戀家愛子難以割捨的骨肉親情，但他爲著「救國是我們的天職，文藝是我們的本領」，「抗戰文藝產自抗戰寫家」，只有把人生的命運抉擇交付靈魂與肉體的「流亡」，這不就該是知識份子背負的精神十字架嗎！

弱女癡兒不解哀，牽衣問父去何來？

活因傷別潸衣淚，血若停流定是灰。

已見鄉關淪水火，更堪江海逐風雷。

徘徊未忍道珍重，暮雁聲低切切催。——老舍《流亡》

此時已身在武漢的馮玉祥將軍，深爲老舍文人爲國棄家的氣概所感佩，與老舍一見如故，並當即揮翰賦詩：

　　老舍先生到武漢，提只提箱赴國難。

　　妻子兒女全不顧，蹈湯赴火為抗戰！

　　老舍先生不顧家，提個小箱撐中華。

　　滿腔熱血有如此，全民團結筆生花！

　　然而，老舍在武漢也同時看到了不知亡國恨、猶唱「後庭花」的無數的「冠曉荷」：「賭無禁，煙公賣，妓有南北中西，舞有美女香檳」。以至老舍慨歎「武漢確實成了一切的中心，吃喝玩樂在其中矣！」痛心疾首詠《傷心》：

　　遍地干戈舉目哀，天難有國亦難來。

　　人情鬼蜮乾坤死，士氣雲龍肝膽灰。

　　賊黨輕言擁半壁，流民掩泣避驚雷。

　　更憐江漢風波急，豔舞妖歌尚浪催！

　　老舍在《四室同堂》裏對他充耳盈目的這一切國人劣根的行為舉止進行了無情的揭露和批判。救國，還要救民。其實想一想，正因為有了這樣的民，才會有這樣的國。這樣的國，又更造就繁衍這樣的民。惡性的迴圈，惡性的輪迴。民族的消沈只會更令國人成為供侵略者鐵蹄撕扯踐踏的腐肉，而且會連靈魂一起腐爛。

　　老舍也是振奮的，因為他看到有越來越多的文藝工作者來到了武漢。他在積極參與出席中華全國文藝界抗敵協會籌備會議的同時，連續不斷地發出一個文人鬥士的吼聲。

　　他在《寫家們聯合起來》一文中，呼籲作家、文藝家要聯合起來，組織起來。並緊接著在一九三七年十二月寫於武昌的《是的，抗到底！》一文裏，擲地有聲地喊出了思想

者深沈而凝重的聲音：「只有抗到底才能把麻木不仁的人打醒；都醒悟過來，民族才會復興：否則糊糊塗塗，依然故我，即使我們打勝了也沒多大用處。敗可轉勝，麻木不仁則永無希望。我們不怕敗，而怕不打。」「把知識用在救國上吧，大家一齊打上前去吧，打到底才會得勝！」「所謂抗戰到底就是我們以自己最大的努力與犧牲換取自己的自由。」

「有骨頭的才肯為國捐軀，有骨頭的才肯死裏逃生；有骨頭的今日死，有骨頭的明日生；這就是民族的復活。」「我們既不怕死，還有什麼可怕的呢？拿血洗淨了江山，我們抗戰到底！用血保住祖宗創造下的偉業，用血為子孫換取和平自由，死是值得的！」這是老舍的氣節，也應是民族的精神。抗戰是向全人類「顯一顯」中華民族「偉大的人格」的時機。他在短文《此仇必報》裏，又斬釘截鐵地說：「難道我們就沒有血氣和感情麼？報仇啊，我們是人，我們得拿刀槍把日本禽獸管教過來，教他們明白過來禽獸是不能在世上活著的！起來吧，有血性的人們，挺起腰來，為死了的報仇，為人類掃除禽獸！」

「只要我們肯幹到底，我們必會看見漢奸埋在自掘的墳墓中；否則我們屈膝，漢奸反倒坐在我們的脖子上，我們那才成了奴下之奴，而悔之晚矣！」「今天大家害怕，是怕個人的身家財產受損失；那麼，等到連地土人民全數被日本吞了去的時候，難道還有個人的好處嗎？房子若是燒起來，連命也不大易保，還惦念著屋角裏那把掃帚嗎？」

一九三八年三月，他在《我們攜起手來》裏表示：「我

願在這營陣中作一名小卒，你們教我作什麼，我只有服從。我的才力只是那一點點，我渺小得可憐，可是在你們的命令下去工作，我感到偉大而充實。」

　　全國文藝界抗敵協會召開籌備會的那天，老舍已「快活得要飛了」。因為全民抗戰使作家們「把民族復興作為共同的意志和信仰，把個人的一切放在團體裏去，在全民族抗敵的血肉長城前有我們的一座筆陣。」他感到「文藝者根本是革命的號兵與旗手。」

　　三月二十七日，「中華全國文藝界抗敵協會」在武漢正式成立，周恩來發表了「簡勁有力」的演說，號召全國的文藝家團結起來。他著重講了四點感想：一，只要這些民族的先驅者們不分信仰地空前團結，就一定能打倒日本帝國主義！二，希望作家寫作多從前線將士的英勇奮鬥、戰區敵人的殘暴以及後方民眾動員的熱烈中取材，同仇敵愾，加強戰勝敵人的信心。三，今天的抗戰實際上還肩負著建國的任務。四，要使我們的文藝在世界上也有輝煌的地位。

　　老舍在會上被選為理事。緊接著，在四月四日召開的第一次理事會上，老舍又被推選為常務理事、總務部主任。由於「文協」沒有設會長或理事長，這總務部主任就成了主持繁重日常工作的實際負責人。他在《入會誓詞》裏寫到：「生死有什麼關係呢，盡了一名小卒的職責就夠了！」

　　「文協」在老舍的主持下，為推動和宣傳全民抗戰做了大量工作，很快便呈現出了他在《新氣象新氣度新生活》一文中所寫的那樣一種精神，那樣一種感慨：「全民族齊心抗

日是表明了我們有最高的文化，每個人都懂得成仁取義，不肯苟安求全，淪爲奴婢。」「中國文化的精神是忠恕仁義，孝悌廉恥，能寬恕別人的過錯，而不能屈膝受辱。」「若我們的老百姓都受了良好的教育，我們的力量將怎樣地增強，我們的文化將怎樣的燦爛光輝呢？」「國家是我們今日的愛人，我們必須爲她死，爲她流血。」思想上與「國家至上」並無二致。正如他說的，「我不是國民黨，也不是共產黨，誰眞正抗日，我就跟著誰走，我就是一個抗戰派！」

老舍主持了八年的「文協」，也主持了八年的《抗戰文藝》，但他畢竟是一個詩人激情型的作家，他覺得在血與火的民族危亡關頭，一個民族除了要戰鬥，還要有理性而博大的胸襟和豪邁壯闊的精神浪漫。他說：「我們不要學日本的偏狹愛國，或什麼鐵血主義。斯巴達克式的教育能使人成爲武士，也能使人成爲強盜。……我們要的只是嚴肅而英明的氣度與心懷，見義勇爲，雖不故意去冒險，而到時候有死的膽氣與決心。不去故意的作英雄，而磊落光明有作英雄的底氣。」「自傷沒落而放浪形骸之外，是浪漫；理想崇高而自尊自強，也是浪漫。頹廢詩人是浪漫的，救世大哲人也是浪漫的。蘇格拉底有最強壯的身體，最簡樸的生活，最寬大的胸懷，與最崇高的理想。上陣，他是勇士；家居，他是哲人。我說，我們須成爲這樣浪漫的人。」老舍以他在抗戰中的作爲證明著，他就是這樣一個浪漫的文人！

在那樣的時代，他自然首先以爲「文藝的工作就是宣傳。」一九三八年「七七事變」抗戰周年紀念，他在《這一年的筆》

裏也說，「藝術麼？自己的文名麼？都在其次。抗戰第一。
我的力量都在一支筆上，這支筆須服從抗戰的命令。」「這
一年的筆是沾著這一年民族的血來寫畫的，希望她能盡情的
揮動，寫出最後勝利的歡呼與狂舞。有筆的人都是有這個信
仰。」

　　武漢失守，老舍來到陪都重慶。九月十六日，他寫下紀
念「九·一八」事變七周年的《中華在「九一八」後》，呼
喊：「努力呀，同胞！今天，『九一八』才是生死關頭；洩
氣則亡，努力則勝；用血，用生命，換來明年『九一八』的
戰勝慶祝吧。」「九一八」給了中華民族以大恥辱和大創痛，
是一頁慘痛的紀念。「『九一八』必須從歷史上抹去，用你
的血抹去！起來幹，不作亡國奴的人們！」全民抗戰的精神
就是死而不已的精神。

　　老舍這一時期以宣傳抗戰為主題的散文大多是鏗鏘有力
的戰鬥檄文，其實其主要思想只有一個，那就是：「中國想
不亡，就須人人有不作亡國奴的氣概與氣魄，人人得成為忠
勇的英雄。」「愛國的必須成為戰士。」「個人的生死有什
麼關係呢，大丈夫的血是要濺在沙場上，一方面去退敵救
國，一方面使貪夫廉懦夫立。此外男兒還有什麼更好的事業
呢！？」同時，他也深刻地認識到，「抗戰的目的，在保持
我們文化的生存與自由；有文化的自由生存，才有歷史的繁
榮與延續——人存而文化亡，必係奴隸。」在他看來，抗戰
完全可以成為中華民族關照和檢討自身文化的一面鏡子，而
文藝作品就是這面鏡子裏的影像。

老舍在《一年來之文藝》裏說，「血光殺聲裏有大時代的眞面目。儘管所見者只是一事一人一角落，可是既經看到，便是好的資料。」他在抗戰期間，隨時把這些「好的資料」運用到創作上，除寫了大量宣傳抗日的話劇，更主要還是構思醞釀並精心打造他的長篇小說《四世同堂》。某種程度上可以說，老舍的《四室同堂》是抗戰期間一部不可多得的反省文化和人性的偉大之作，也有著超越時代的思想和精神價值。

一九三九年九月至十二月，老舍隨慰問團到延安地區訪問。剛剛抵達延安的第二天晚上，毛澤東就趕到慰問團下榻的地方看望，並設宴招待全體成員，而後又和大家一起乘車來到中央大禮堂參加延安各界召開的盛大歡迎聯歡會。老舍代表慰問團致歡迎辭。後隨慰問團參觀了延安抗大、八路軍政治部等處。又到米脂、榆林等地體驗延安地區的生活面貌。此行在他一九四二年出版的作爲「抗戰文藝叢書第一種」的長詩《劍北篇》中有所反映。

一九四三年底，胡絜青爲剛剛故去的老舍的母親辦完喪事，帶著孩子，離開北平，千里跋涉，趕到重慶。老舍把家安在了北碚。胡絜青向老舍介紹著她所見所感的北平淪陷區百姓的生活和遭際，這使老舍的腦中浮現出一幅清晰的文學地圖，人物的命運安排，小說的結構佈局，就在這幅地圖上鋪展開來。這樣的構架產生了近百萬字的《四世同堂》三部曲：《惶惑》、《偷生》和《饑荒》。

一九四四年四月，重慶文藝界舉行了「紀念老舍創作生

活二十周年」的活動。而這時，隨著世界反法西斯戰爭不斷取得勝利，中國的戰局也發生了根本變化，抗戰勝利的曙光已呈現在眼前。老舍在一次「文協」座談會上說：「我們要做耶穌降生前的約翰，把道路填平，以迎接新生者。」

老舍又是異常敏銳的，當他看到抗戰勝利不久，內戰的烽煙又起，一九四五年十一月，他在紀念魯迅的會上由朗誦《阿Q正傳》頓生感慨：「這樣的勝利，而勝利後又復如此，假如自己不努力不要強，真使我覺得中國的命運將和阿Q的命運沒有兩樣。……我是中國人，我愛中國，我不屬於任何黨派，我沒有當漢奸，我八年來的言論作品沒有一篇不是為了抗戰，而我後面卻一直跟著一個黑影。……打仗死不是黨委啊！不是大官啊！而是我們老百姓啊！而是你和我啊！我們為什麼不阻止呢，所以我覺得我們應當拿出力量來停止內戰！……只有和平勝利了中國才有辦法。」和平是人與人之間的永久契約！

一九四六年三月二十日，老舍與同受美國國務院之邀赴美講學的曹禺一起抵達西雅圖，開始了三年半的旅美歲月。在美國，除了講學、參觀，生活相對悠閒、舒適。但他時刻關心著國內的時局動態，惦念著境遇各異的朋友們，牽掛著重慶的妻子和孩子。

老舍在美國完成了《四世同堂》第三部《饑荒》的寫作，幫助美國作家、社會活動家浦愛德小姐翻譯出版了《四世同堂》的英文縮印本。他的《駱駝祥子》、《離婚》和《鼓書藝人》也先後被翻譯成英文在美國出版。最令老舍惱火的

是，在他赴美前，《駱駝祥子》的譯者伊文·金在翻譯過程中擅自將悲劇結局改成了祥子從妓院抱起奄奄一息的小福子「他們自由了」的大團圓結尾。在他到美以後，還是這位伊文·金不僅舊技重演，翻譯時擅做修改，更粗暴地攫取了《離婚》的版權及全部版權收入。老舍打了官司才獲得公道。爲區別伊文·金的譯本，老舍特意將另一位譯者郭鏡秋女士的譯本名字改爲《老李對愛的追求》。

問題是老舍在美國過得並不快意，他吃不慣洋飯，每日三餐像吃藥；不多出租金，住處也不好找；他「討厭廣播的嘈雜，大腿戲的惡劣與霓虹燈爵士樂的刺目灼耳。沒有享受，沒有朋友閒談，沒有茶喝。」更讓他難以忍受的是沒了「詩性與文思」。他把這叫「地道受洋罪！」他這時就流露出了回國的打算，「不管遭到什麼苦難，我仍是中國的作家，光在美國是寫不出東西的。不和中國民眾共同生活，耳畔消失了華語鄉音，那麼我寫不出眞正的文學作品。」

四

一九四九年，老舍應周恩來總理的邀請，從美國經香港取道回國。和當時許許多多的知識份子一樣，老舍對這個剛剛建立的國家充滿希望和祝願，並立即接受她的召喚，隨時準備眞誠而無條件地爲她服務。而這個曾謙虛並自豪的自詡爲「文牛」、「寫家」的人，也的確很快找到了自己的位置。

一九五〇年五月，老舍被推舉爲北京市文聯主席。在其後的十餘年間，文藝界抗美援朝宣傳委員會委員、北京市節

約檢查委員會委員、北京市人民政府委員、貫徹婚姻法運動委員會委員、全國人大代表等各種理事、委員的頭銜不斷增加。在許多重要場合都能見到老舍活躍的身影。他出席了大大小小難以記數的座談會、酒會、觀摩會、典禮儀式，到全國各地參觀考察，代表文藝界會見外賓，率團出訪，參加勞動節及國慶遊行，甚至不顧寒腿病堅持到朝鮮戰場的高地、坑道中尋找創作素材。他多次申請加入中國共產黨，並與周恩來等當時重要的國家領導人建立了良好的私人關係。每一項需要廣泛宣傳的法令法規，大規模提倡的每一個活動都得到了老舍熱情的擁護，內容涉及到社會生活的各個層面，婚姻法、節約能源、反貪污、推廣普通話、支援古巴和剛果的反帝鬥爭以及對其他知識份子的批判。

當然，最最重要的是，作為現代文學作家中才華橫溢的佼佼者，他的筆一刻也沒有停止過。大凡天才沒有不勤奮的。老舍也是一位異常「勤苦」的作家，他早在一九三八年《入會誓詞》裏就不無得意地昭示，「可以自傲的地方，只是我的勤苦。」然後又不無自謙地說，「我沒有特殊的才力，沒有高超的思想，我所以能還在文藝界之營裏吃糧持戈者，端賴勤苦。」

在回國後的十六年中，儘管早已病痛纏身，老舍的寫作從數量上說卻又達到了一個高峰。白天忙碌的社會活動不僅沒有使他感到疲憊，反而為他晚間的寫作注入了更大的活力。表面上，他還是那麼的信心十足，對文字的駕御頗有語言大師的風采。但瞭解他創作的人都知道他似乎並不那樣自

信，每篇稿件三遍五遍地修改是常事，多者可以達十幾遍。當有人勸告他，弄筆墨，還是不溜須不捧頌好，應說些實話時，老舍的回答是：我以前歌頌過共產黨，現在和將來還要繼續歌頌。

回國八個月，他就完成了話劇《方珍珠》。在此後的十年裏，他以平均每年一部的速度推出話劇作品。這個不知疲倦的老人懷著近似於孩童的好奇心開始嘗試各種文體：話劇、電影劇本、京劇劇本、歌劇劇本、快板、相聲、二人臺、鼓詞、山東快書、太平歌詞、新詩、美術評論……目的只有一個：讓更多的人像他一樣熱愛這個國家，崇拜她的領袖。由於每部劇作都符合政府提倡的創作精神，作品一旦發表便很快被搬上舞臺，並且贏得了上至中央領導，下至普通觀眾的認可。

直到一九六一、六二年，老舍的寫作速度忽然開始放慢。他決定回到自己曾最為擅長的小說創作中去。一個宏大的計劃醞釀出來，他堅信這將是他作品中最傑出的一部之一。小說《正紅旗下》遠離了當時受到鼓勵的現實題材和革命主題，又回到了一九四九年之前的歷史中去。開頭的十餘萬字，老舍完全沈浸到他的童年時代，儘管那對他而言是一段並不快樂的時光，但他依然忍不住用一種懷舊的筆調。而與前十年不同的正是其中所蘊涵的平和情緒。可惜的是，他在完成了十一個章節之後，便沒有再寫下去，而且沒有向任何人解釋原因。這一時期，他發表的舊體詩也在增多。然而這一段繁忙有序的生活，在一九六六年八月的一天突然終止

了。

　　三十多年過去了，對老舍之死這一悲劇事件有所瞭解的當事人正在減少，活著的人們隱沒在城市嘈雜的樓群人跡中，過著平靜的生活，對兒孫們也很少提及那個混雜著暴力、恥辱和狂熱的悲劇事件。曾經將老舍吞沒在絕望和黑暗中的歷史，漸漸被色彩更鮮艷的現代生活所取代。每年八月二十三日這一天，北京的天氣依然炎熱難耐。最大的不同也許是，早上出門，傍晚會安全歸來，不必擔心因為莫須有的政治罪名突然被認識、不認識的人揪住侮辱、毆打。

　　比起老舍那戲劇性的死，對我們今天影響更深廣的依然是他的生，是他生前的創作。他對人性的理解，對生活的熱愛，面對苦難的從容詼諧，以及對世界質樸的嚮往，使他那些最優秀的作品並不因時代的不斷變遷而褪色。

　　歲月流逝，淘去了無奈、尷尬和一時一事的敷衍之作，也使真實和永恒變得更加寶貴。在老舍去世三十餘年後，他的作品依然被不斷的印刷出版、被改編成各種形式的藝術作品。這些經過了幾代人不斷改動的版本，也成為我們這個歷經劫難的民族，在不同社會狀況下的精神記錄。

　　一九六六年曾衝擊北京市文聯、文化局，導致八月二十三日事件趨向更嚴重後果的北京女八中，如今以現代文學巨匠魯迅的名字更名為魯迅中學。現代文學傳統成了他們教學中重要的一部分。

　　如今，在書店和圖書館有老舍的專櫃，在他的中學母校和曾經執教的小學建立了小型的紀念館，他的故居被保留、

翻蓋。以他的名字命名的獎項，每年都爲後來者的文學事業提供幫助。儘管各種紀念老舍的活動仍只是在不大的範圍中進行；儘管我們沒有像許多民族那樣，用文學巨匠的名字命名街道、山川、河流；但他的才華已經與這片土地上的空氣和泥土融化在了一起。只要生活在這裏的人們還使用漢語，他的作品便不會被輕易的遺忘。

漫長的苦夏過後，北京將會迎來一年一度美麗的秋天。老舍在作品中曾與他喜愛的人物一起分享過這秋天。然而就在一九六六年，他沒有等到他所熟悉並深愛著的涼爽的秋風和高遠的天空。他甚至沒有留意這年開春他從屋裏特意搬出來的花，還等待主人的澆灌。在他平生最後一張照片中，他對生活像以往任何時候一樣，依然充滿信心和熱望。他眞心地熱愛著周圍一切美好、有趣的事物：習武；愛花；喜歡聽戲、收藏古玩；寫得一筆好書法；自己不會畫一筆畫，卻是獨具品位的鑒賞家。

他在生命的最後時刻，一定痛苦地感到了這些使生命充滿光輝的力量將離他遠去。但他用作爲一個作家安身立命的最可寶貴的文學作品，把世間的美好永遠留給了我們，留給了深愛他的讀者。

「『俗』與『白』」的老舍小說

　　老舍最初是抱「寫著玩玩」的心態寫起小說來的，那時，他還「不懂何爲技巧，哪叫控制。」只好「信口開河，抓住一點，死不放手，誇大了還要誇大，而且津津自喜，以爲自己的筆下跳脫暢肆。」特別是人物描寫上，有明顯漫畫化的趨向。這在他最早的三個長篇《老張的哲學》、《趙子曰》和《二馬》中，多有體現。不過，若撇開小說的思想藝術價值不談，單論以純熟的京白寫小說，老舍一九二五年在倫敦寫的第一個長篇《老張的哲學》，幾乎就是二〇年代最好的北京口語教本了。直到今天，那裏純粹卻略有失純淨高貴的京腔韻致，依然會從許多老北京人的嘴裏不經意地飄出來。

　　我想可以說，老舍以書面的形式提純了許多北京人口語的日常表達，而北京人許多約定俗成的大白話又一經老舍的點撥，也變得有了文化。如果細分，正像老舍的文學與北京的文學是有區別的一樣，老舍文學的北京口語，與北京的老舍文學之外的口語是有區別的。老舍的特色絕不僅僅在於他的「京味兒」，他的文學包含了「京味兒」，而「京味兒」卻遠不能涵蓋他的文學。

　　也許是因爲老舍前期創作在語言上過分強調了保持生活化口語的原汁原味，而使一些批評家在幾十年之後仍覺得他是貪逞口舌之快，難免顯出北京人特有的「貧嘴」，相對缺

乏以沈從文為代表的「京派」文風的嚴謹講究。其實老舍從一開始就自覺意識到了這一點，寫《老張的哲學》時，因明顯感到「以文字耍俏本來是最容易流於耍貧嘴的。」到寫《趙子曰》時，便有意力圖使文字變得「挺拔利落。」無疑他是有意識地嘗試用「頂俗淺白的字」造出「物境之美」，「把白話的真正香味燒出來。」他追求文字要有「澄清如無波的湖水」般的「平易」，但這「平易」又須不是死水般的凝寂，而要「添上些親切，新鮮，恰當，活潑的味兒。」

到了寫《駱駝祥子》、《離婚》、《月牙兒》和《我這一輩子》，老舍創作上已經過了「長時間的培養」，有了「把一件複雜的事翻過來掉過去的調動」的本事，對要寫的人和事更是爛熟於心，何況是從長故事裏「抽出一節來寫個短篇，就必定成功，因為一下筆就是地方，準確產生調勻之美。」從《大明湖》裏抽出而成的《月牙兒》就典型體現著老舍小說形式上的詩意、成熟與藝術思想上的扎實、深邃。或者說，是思想的精進使他的語言更加有內蘊的勁道和張力。《駱駝祥子》、《離婚》、《四世同堂》、《我這一輩子》、《斷魂槍》、《正紅旗下》無不如此。

老舍何嘗不清楚文字不單是語言的表達，更是思想的載體呢？「所謂文藝創作不是兼思想與文字二者而言麼？」；「風格與其說是文字的特異，還不如說是思想的力量。思想清楚，才能有清楚的文字。」；「世界上最好的文字，也是最精練的文字，……簡單、經濟、親切的文字，才是有生命的文字。」因而，作為藝術家，他追求的是「用最簡練有力

的詞句道出最高的思想和最複雜的感情。」所以他鋪設與展
現的人物命運與故事情境不過是借助語言為其文化批判的思
想服務的。

　　也就是說,老舍在「我們創造人物,故事,我們也創作
言語!」「我還始終保持我的『俗』與『白』。」的同時,
更深刻的意義在於蘊藉在人物靈魂深處和潛隱在故事背後的
思想。如果一部文學作品在剝去了故事的外殼之後便所剩無
幾,它就是一副沒有骨肉的空架子,其價值便只在用故事去
填充世俗的情趣時空,是沒有藝術靈魂的;而倘若它有一個
宏大而堅實的內核,並閃耀著壯闊而高貴的思想精神光芒,
它就會有著永久的藝術生命力。這樣的作品才有可能不朽。
老舍的小說在某種程度上,完全可以看作是用文字構築的全
景展現北京人情市井、世俗風物與歷史文化的俗白的「清明
上河圖」,既是藝術的集大成,更是人文思想的剖面圖。

　　我覺得研究老舍有一點已變得相當明顯,那就是他塑造
小說人物形象的藝術構思過程,其實也就是他鍛造、打磨以
及批判國民文化思想痼疾的成型過程。這在他寫於中國現代
小說初創期的最初兩個長篇《老張的哲學》和《趙子曰》裏,
即已顯露端倪。雖然這兩篇小說幽默諷刺得略微有點過火,
甚至稍偏於「油滑」,但不論刻畫「老張」那赤裸裸的市儈
「哲學」,還是挖掘處在「五四」以後歷史交替期思想搖擺
不定的小市民知識份子「趙子曰們」的玩世又善良,悲憫又
怯懦的性格特徵,都犀利得遊刃有餘。而且,《趙子曰》不
但在結構上有了進步,更在思想上有了比《老張的哲學》更

激進一些的民主主義的亮色。最為重要的是，老舍從創作伊始，就將筆鋒視野鎖定在城市平民階層，並在對其愚弱的國民性批判上著力。直到二十世紀六〇年代老舍動筆寫最後一個長篇《正紅旗下》，他的這種文化批判精神始終是一脈相承的。

老舍在《二馬》中對根深蒂固地寄生在國人骨髓裏的迂腐文化精神的解剖，變得更加鋒刃有力。他把豢養在帝國主義強勢文化下已毫無民族自尊卻又盲目自傲、怯懦、卑瑣的「馬則仁」們的魂靈，切片一樣擺擱在文化批判的顯微鏡下，將其精神與肉體裏滋長的腐朽墮落的病態菌卵放大給人看。老舍不啻是在雕塑著另一種形態的阿Q。正如老舍所說：「寫這本東西的動機不是由於某人某事的值得一寫，而是在比較中國人與英國人的不同處，所以一切人差不多都代表著什麼；我不能完全忽略了他們的個性，可是我更注意他們所代表的民族性。」如何療救「老馬」病的精神？老舍當時的醫治良方，只能是馬威和李子榮身上的國家主義因素。這同他後來的「國家至上」思想自然是相通的。換言之，老舍旨在表明，新的民族性格才能鑄造出新的民族精神。

一九三二年開始在《現代》雜誌連載的《貓城記》似乎是老舍小說中形式最怪異而又最富有爭議的一部，這部分取決於他自己就把這部小說定為思想上「沒有積極的主張與建議」的「失敗之作」，並「很後悔我曾寫過那樣的諷刺。」但今天來看，無庸諱言，《貓城記》有著強烈的政治諷喻小說的意味，「它諷刺了當時的軍閥，政客與統治者」。至於

說《貓城記》曾因「也諷刺了前進的人們，說他們只講空話而不辦真事」，而一度被打成「媚敵賣國的反動小說」，一面顯出了歷史與時代的局限，一面倒更顯出了老舍思想的獨立、深邃與執著。它以卡夫卡《變形記》的想像形式，打造出一個奇特的貓城，而「貓城人」在「矮人」野蠻的入侵下所暴露出的愚昧、麻木、妥協、自私、貪婪、要面子、苟且偷安的精神狀態，不正是在日寇蹂躪下劣根國民們的寫照嗎？那貓城最後「滅亡的足音」不也正是老舍對古老民族的靈魂敲響的警鐘和對國民性最殘酷無情的批判嗎？這同時也又有了歐威爾《一九八四》的政治寓言性，即在於傳統落後的精神文化積習不剔除，亡國便將成為「鐵樣的歷史」。正如老舍在生命的最後時刻必然選擇自殺一樣，《貓城記》也是憂憤之極的他的必然之作。

　　寫於一九三三年《離婚》中的諸多人物，無論張大哥，還是老李、小趙，性情上並不比「貓人」們好多少，一樣自私、怯懦、折中、敷衍的庸人哲學。《貓城記》是全景式地掃描庸人精神的方方面面，而《離婚》則透過一個小小的財政所，折射出庸人社會的面面方方。《離婚》標誌著老舍的小說創作走向了成熟，連幽默都讓他「看住了」，不再是信馬由韁得恣肆漫溢，而是節制分寸得恰到好處。

　　然而，最能展現老舍這種幽默風采的小說不是《離婚》，而是一九三四年三月到八月在濟南寫的《牛天賜傳》。它不是老舍作品中最優秀的，卻是最能單以幽默加諷刺來勾畫小人物的性格命運與靈魂鏡像的。《牛天賜傳》與他這一時期

寫的《老舍幽默詩文集》描摹出了獨屬於老舍幽默招牌的一
道別樣的景致。

據胡絜青回憶，一九三六年春的一天，老舍已辭去山東
大學教職，在青島黃縣路六號的家中寓所專事寫作，「山大
的一位教授來我們家聊天，說起北平有個洋車夫一輩子都想
拉上自己的車，三起三落，末了還是受窮；還說起什麼車夫
也被『丘八』抓了去，結果偷出來三匹駱駝，等等。老舍聽
後就笑著說：『這可以寫一篇小說。』」

在半年多的時間裏，老舍「入迷似的收集材料」，調動
起他「積了十幾年對洋車夫的生活的觀察，」寫出了他自己
仍還覺得是「那麼簡陋寒酸」的文學名著《駱駝祥子》。正
像他後來的話劇《茶館》是通過一個「小茶館」觀照一個
「大社會」一樣，《駱駝祥子》也是試圖以描寫一個洋車夫
的遭遇反映整個的勞苦社會。經過十年的創作實踐與摸索，
此時的老舍對創作意圖的宏大構思和題材結構的調佈已經是
得心應手。他只需在書房對著窗，點燃一支煙，人物的命運
遭際便隨著那煙霧升騰、立體、鮮活起來。

老舍在小說中即暗示性地挑明，「愚蠢與殘忍是這裏的
一些現象；所以愚蠢，所以殘忍，卻另有原因。」祥子只想
通過一門心思拉車，以期改變自身境遇，能獨立、自由而體
面地生存下去，卻始終擺不脫命運的捉弄，生活的理想一次
次破滅，而在人間的活地獄裏墮落，成了「文化之城」裏的
「走獸」；小福子為能撐起一個家，忍著淚，靠把青春的肉
體出賣給男人，來養活家裏的老少三個男人——父親和兩個

弟弟，最後自殺；即便是「誘騙」了祥子的虎妞，命也是苦的。這些帶著古希臘悲劇特徵的人類悲劇的宿命「現象」，自然都是老舍所說的「愚蠢與殘忍」。但原因何在？老舍說祥子「生不逢時」。這個「罪」即在一個「時」字上了：戰亂禍患，民必不聊生。單靠祥子和小福子式的個人奮鬥、掙扎，沒有出路；國泰才能民安，祥子們也才能「逢時」。那是一個什麼樣的「時」？老舍在話劇《龍鬚溝》裏或許給出了答案。

　　老舍寫作上的幽默是與生俱來的，甚至有時到了成也幽默，敗也幽默的程度。我感覺，老舍的「喜劇式」幽默運用在散文裏，是成功的，那是一種蘊滿了靈性的智慧裏的俏皮與詼諧，而一旦到了小說中，就似乎使作品的張力有所消解。他自己對此也有清醒的認識，他在談到《牛天賜傳》的寫作時說：「死啃幽默總會有失去幽默的時候，到了幽默論斤賣的地步，討厭是必不可免的。我的困難至此乃成為毛病。藝術作品最忌用不正當的手段取得效果，故意招笑與無病呻吟的罪過原來是一樣的。」當老舍以成熟的悲劇家的姿態把幽默揮灑在小說裏，藝術上的拿捏也是那麼準確到位時，他創作上具有里程碑意義的作品——《駱駝祥子》出現了。單就幽默來說，「一味幽默」的「毛病」沒有了，而是「每逢遇到可以幽默一下的機會，我就必抓住它不放手。……它（《駱駝祥子》）的幽默是出自事實本身的可笑，而不是由文字裏硬擠出來的。」另外，老舍在語言的運用上，到《駱駝祥子》也達到了爐火純青的地步。他不無自得地說：

「《祥子》可以朗誦。它的言語是活的。」

　　《四世同堂》三部曲是一幅史詩性的畫卷，篇幅是老舍小說中最長的。它藝術地把日軍侵略下淪陷的北平城的血淚悲苦命運，濃縮在了一條不起眼的「小羊圈」胡同的「葫蘆肚」裏。若前後聯繫起來看，祁老太爺的「小羊圈」何嘗不是王掌櫃的老裕泰「茶館」，反之亦然，也都是以社會下層城市貧民的苦難來放映時代大舞臺的風雲。眾多的人物替換，眾多的命運更迭，將被侮辱與被摧殘的民族毛孔裏的血滴在史卷的畫布上，那凝固的血裏有愚昧、麻木、落後、殘暴、蹂躪，也有反抗和覺醒。

　　不論從哪個角度說，《四世同堂》都稱的上是中國現實主義文學的傑作，更是中國抗戰文學的扛鼎之作。

　　最為惋惜的是，老舍一九六一年底動筆的《正紅旗下》在寫了個鴻篇巨制的開頭之後，便束之高閣。他在三○年代已有了要寫一部自傳性家族歷史小說的構思，以清末的北京社會為背景。他想立意把它寫成滿人民族生活的風俗畫和清末中國社會歷史的寫真存照。小說用的是第一人稱；故事的敘述與鋪陳是那麼舒緩、老道，不溫不火；語言是那麼的純熟、乾淨，內蘊十足；人物和結構還沒有成型，卻已完全呈現出壯闊而高貴的態勢。《正紅旗下》沒能成為老舍積四十年文學創作之功的壓卷之作，沒能為二十世紀中國的小說創作奉獻一部有理由認為是傑作的名著，實在是太可惜了。

　　老舍幾乎是中國現代最會「講故事」的小說家，他的中短篇小說同他的長篇小說一樣好看，語言俗白鮮活、簡勁自

然，結構勻稱嚴謹、疏密有致，以詩歌的筆法，在有限的篇幅裏，用幽默啓動諷喻，用詼諧撩撥鞭撻，用人物和故事穿透時代和歷史，呈現出獨有的極具個性化的小說文體模式，以及超越了純粹「京味」與「滿族情結」的精神文化意蘊。

冰心說：「我感到他的作品有特殊的魅力，他的傳神生動的語言，充分地表現了北京的地方色彩，本地風光；充分地傳達了北京勞動人民的悲憤和辛酸，嚮往與希望。他的幽默裏有傷心的眼淚，黑暗裏又看到了階級友愛的溫暖和光明。每一個書中人物都用他或她的最合身份、最地道的北京話，說出了舊社會給他們打上的烙印或創傷。這一點，在我們這一代的作家中是獨樹一幟的。」

曹禺說：「他對人生的視野是寬闊的，而我讀文學的經驗告訴我，世界上甚至有一些文學巨匠，可能精通於某一階層的人物，但不能像老舍先生這樣寫出生活中更多種多樣的人物。他作品中的語言更有特色，沒有一句華麗的辭藻，但是感動人心，其深厚美妙，常常是不可言傳的」。

大雅若俗的老舍散文

　　老舍散文的大雅若俗，或易給人一種誤解，以為散文原是最好寫的文體，似乎針頭線腦，婚喪情私，風俗物事，只要如實地拉閒扯雜下來，便成就了妙文佳構。坊間多的不正是這些個篇什嗎？那麼何以同樣描寫「零七碎八」的老舍散文，就算得上大家手筆呢？頂頂要緊的是，他精通寫作之道，絕不光以「情真」和「形散神不散」的膚淺說詞做注腳。他懂得如何將自己的學養才華幻術般融入寫作之中，讓個性的靈氣滲透進每一個字眼兒。

　　老舍不屬情感型作家，如果他的創作只是單憑直抒胸臆式的鋪陳渲洩，那他就太浪費了自己出類拔萃的寫作才華。像老舍這樣有著深厚扎實的生活積累，觀察體味人生百態、世情千姿敏銳細緻、精微獨到，對語言的運用又幾乎到了爐火純青火候的作家，在二十世紀的中國並不多見。他不是一個淵博的學者，可他對生活的學問，有哪一個書齋裏的學究比得了呢？讀老舍的小說和散文，你的欣賞口味永遠不會因時過境遷而變得遲鈍。那裏面有一種強化的生命力，能使你清醒地入了迷，叫你全部的官能在活躍著的時刻享受快活的日光浴。這種由閱讀所帶來的愉快樂趣，是不會被遺忘的。苛刻地講，百年中國文學給我們留下的這種愉快樂趣並

不多。單從這個意義上，寫出了《駱駝祥子》和《茶館》的老舍就已經不朽了。

老舍是把自己比成「文牛」的，他的自由全在寫作裏。他向以「文牛」、「寫家」自喻，他非常滿意自己的職業，「我的資本很小，紙筆墨硯而已。」而且，生活完全「可以按照自己的意思安排。」當他寫《文牛》這篇短文時，已是寫出了《貓城記》、《離婚》、《牛天賜傳》和《駱駝祥子》等名篇的大作家，《四世同堂》也已經開始動筆創作。他對寫作應比以往任何時候更充滿了自信，可他偏偏在《文牛》裏表述出一個寫家的「心中煩躁」。

他先擺出這個職業有多麼的自由，自然會引起人們的豔羨，可有誰能想像寫不出東西來時的「痛苦」？那種「世界上最痛苦的人」的感覺是，「你不但失去工作與報酬，你簡直失去了你自己！」這是一個寫家最害怕的。「吃的是草，擠出的是牛奶；可是，文人的身體並不和牛一樣壯，怎辦呢？」

老舍的幽默表現出來時常是正話反說，像他鄭重其事地規勸「青年朋友們，假使你沒有變成一頭牛的把握，請不要幹我這一行事吧；當你寫不出字來的時候，你比誰的苦痛都更大！」「我後悔作了寫家，正如我後悔『沒』作生意。」老舍後悔過嗎？他又把話反過來說，「即使你健壯如牛，也還要細想一想再決定吧。」因為「牛恐怕是永遠沒有希望的動物，」終生都要勤苦勞作。這不正是老舍嘛，所以他「不怨天尤人」，就一輩子甘當「文牛」。

　　他無法忍受沒有了寫作的閒在與自由。他不敢保證一輩子都寫得好，因爲連荷馬都有打盹的時候。他是那種抱定爲文藝而生，亦爲文藝而死的純淨文人，心甘情願自取精神思想上的煩惱。他管這叫「大愚」。「大愚」的氣韻，成了老舍煮字生涯的生命線，它一直那麼從容不迫地流動著，時而深邃有力，時而平緩沖淡，始終也不會枯萎。直到有一天，一塊巨大冥頑的醜石要阻斷這生機勃勃的生命流，它仍然寧折不彎，義無反顧，硬是將自己的軀殼撞成生命的碎片，靈魂駕鶴西去，卻把美好的水花凝結成另一股不枯的活泉，去滋潤人們的心田。這便是老舍用畢生心血織就的一幅色彩斑斕，繽紛多姿的文字圖畫。

　　老舍確是用文字繪畫的丹青妙手，勾描人物，塗抹風景，無論筆墨或濃或淡，那力透紙背的功夫，那神氣活現的韻味，一看便知只能是老舍的。

　　老舍的散文也不外乎寫景、記人、抒情、說文、論事幾類，而且文中的細節又全是那麼平凡，語言還樸素直白到平頭百姓看了會覺得自己也是當大白話作家的料。想一想，老捨得運用何等的藝術手段，才能使一個個見棱見角的方塊字鮮活起來。他不會用字典裏的現成辭彙去掉書袋，也不會爲誘惑讀者故意雕飾；他不板面孔、擺架子，也不雲裏霧裏地說空話，而全憑思想牽著筆頭，化技巧于無形，自然、率眞地從心底流淌出來。寫景如《趵突泉的欣賞》、《弔濟南》、《五月的青島》、《大明湖之春》、《想北平》、《青蓉略記》等篇均是如此。簡約幾筆，一幅幅文字寫意便活脫脫躍

然紙上，頃刻間就將你的感官啓動起來。

光會把寫景的文字堆到一塊不是本事，這樣的文字只能是呆板、僵硬的。老舍這樣的高手當然是把景語、情語諧成一體，渾然天成。他鮮活文字的方法，竟是那般如錐畫沙，不落痕跡。他在《想北平》一文中，抒寫對這座文化古城的深情眷戀，一處景便滲出刻骨銘心的一縷情。

北京幾乎可以說是老舍文學創作的素材母體，也是孕育了其作品主題思想的母題，難怪他開篇一上來就將愛母親與愛北平的情感相提並論。在他這都是一種說不出的愛，「言語是不夠表現我的心情的，只有獨自微笑或落淚才足以把內心揭露在外面一些來」。

這篇抒情散文是老舍在青島寫就的，可見，寫作時，浮現在腦際的是精神血脈裏的心靈故鄉。他只要稍一凝思，北平一切的人情與自然風物便撲面而來。老舍對北平有怎樣一種難以言說的「愛」呢？北平是整個與他的心靈相粘合的，他「眞願成爲詩人，把一切好聽好看的字都浸在自己的心血裏，像杜鵑似的啼出北平的俊偉。」因爲「我的最初的知識與印象都得自北平，它是在我的血裏，我的性格與脾氣裏有許多地方是這古城所賜給的」。

老舍在小說裏已用太多濃墨重彩的文字無數次地描畫過北平，那這樣一篇小文能承載他多少的「愛」呢？他的構思非常巧妙，他只在簡單把北平與倫敦、巴黎、羅馬和堪司坦丁堡這歐洲四大「歷史的都城」作比之後，將北平獨一無二的美落在了「人爲之中顯出自然」：「北平的好處不在處處

設備得完全，而在它處處有空兒，可以使人自由地喘氣；不在有好些美麗的建築，而在建築的四周都有空閒的地方，使它們成為美景。每一個城樓，每一個牌樓，都可以從老遠就看見。」

也許只有離開過北平的人，才能深刻體會老舍的「要落淚了，真想念北平呀！」《我的母親》是一篇叫人啼淚的摯情之作，是老舍特為紀念母親辭世而寫。由於老舍是在嬰兒期喪父，跟著媽媽長大，對母親的感情格外深切。而且，最重要的，是母親把「生命的教育」給了他。「我之能長大成人，是母親的血汗灌養的」。「我的性格，習慣，是母親傳給我的」。他寫起母親，字裏行間自然就溢滿了骨肉間真摯的親情。

老舍筆下的這幅母親像，並不是一幅精細的油畫，而只是白描的一幅黑白速寫：她靠給人洗、縫補和裁縫衣服養家，終年沒有休息；她愛乾淨；她豪爽好客；她剛強，有著「軟而硬的個性」。其實，由老舍描寫母親的性格，也就可以見出他本人的性格。比如，他像母親一樣，對一切人與事，「都取和平的態度，把吃虧看作當然的。但是，在做人上，我有一定的宗旨與基本的法則，什麼事都可將就，而不能超過自己劃好的界限。」他二十三歲時，母親要他結婚。他愣是駁了母親的面子。「我愛母親，但是我給了她最大的打擊。時代使我成為逆子。」

從這之後，每逢人生的十字路口，都是他一如母親的「軟而硬的個性」，使他作出了命運的抉擇：一九一二年，

背著母親報考北京師範學校；一九二二年，辭去北郊勸學員；一九三七年，拋妻捨家，奔赴大後方，擎起「文協」抗日的大旗；一九四九年，從美國毅然回國；以致最後他不甘忍受屈辱，憤而投進太平湖，都是如此。

「人，即使活到八九十歲，有母親便可以多少還有點孩子氣。失了慈母便像花插在瓶子裏，雖然還有色有香，卻失去了根。有母親的人，心裏是安定的。」這稱得上是對人世間母子至情至性最樸素的一種描述與表達。文章最後收尾在「她一世未曾享過一天福，臨死還吃的是粗糧。唉！還說什麼呢？心痛！心痛！」這是一種每每讓所有作兒子的想起他所至愛的母親來便有的撕心裂肺般的疼痛，也是刻骨銘心的。

老舍的抒懷文字不多，我以為以《詩人》寫得最好。這篇直接在篇末註明「寫於詩人節」的散文，堪稱老舍的精神寫真。它描畫出老舍心目中真詩人的高貴靈魂，堅定了自己要成為這種「詩人」的精神信念。更重要的思想意義在於，今天回眸來看這篇寫於一九四一年的散文，對老舍在二十五年後一九六六年生命最後時刻的「捨身全節」，提供了最好不過的精神注解。

從文中可以看出來，老舍羨慕那「囚首垢面」中了魔的真詩人，他想成為那樣的人而不能，卻把詩人的氣節、操守視為文人的最高境界，即「及至社會上真有了禍患，他會以身諫，他投水，他殉難！」老舍追求這種詩人情懷，他不從外形上「去學詩人的囚首垢面，或破鞋敝衣」，平日裏是那麼的平易、親和、善良，但他骨子裏的性情是詩人的。人們

常有疑問，在「文革」的「焚書坑儒」面前，紳士的老舍幽
他一默不也可以翻過這道坎兒？其實，這正是老舍骨子裏的
詩人氣節使他不同於常人的地方。「文革」是中華民族的大
禍患，身陷渦流，尊嚴被侮辱置於無地，老舍只有去選擇詩
人式「捨身全節的機會」。對這一點，恐怕也只有詩人的人
才能理解得透。

　　中國人實在是個缺乏幽默感的民族，正因為缺乏，便拼
命製造些膚淺、拙劣、庸俗的笑料，這無異於愣是用手去捅
人家的胳肢窩。不過有的時候，是強權下的中國人不敢幽
默，幽得不恰當，罷官遭貶；幽大發了，連命都可能保不
住。官場無幽默。可歎！可歎！而中國的文人又總想晉升官
階，濟國平天下，幽默也只好退而求其次，變成自我調侃、
解嘲而已。幽自己一默，該當何罪呢？當幽默成了奢侈品甚
至特權的時候，幽默就會沈重得叫人沒了感覺。

　　老舍的幽默，是輕鬆的、俏皮的，也是智慧的。老舍自
己是怎樣界定幽默的呢？他在《談幽默》一文裏說，「它首
要的是一種心態」。他挑出「反語」、「諷刺」、「機智」、
「滑稽劇」和「奇趣」五個詞來，不分先後地解析幽默的特
質：一，要「生動有趣」，總要與「乾燥，晦澀，無趣」相
對；二，與使用反語關係不大；三，「諷刺必須幽默，但它
比幽默厲害」，從心態上講，「幽默者的心是熱的，諷刺家
的心是冷的。」「幽默者有個熱心腸兒，諷刺家則時常由婉
刺而進而為笑罵與嘲弄。」四，「幽默者的心態較為溫厚，
而諷刺與機智則要顯出個人思想的優越。」五，滑稽戲也叫

「鬧戲」，就是幽默發了瘋，「這是最下級的幽默。」

他的幽默是落實在一種「一視同仁的好笑的心態」上，它不是藝術家的專利，它叫人「心懷寬大」，而「這種態度是人生裏很可寶貴的」。「嬉皮笑臉並非幽默；和顏悅色，心寬氣朗，才是幽默。」他甚至說，「世上最偉大的人，最有理想的人，也許正是最愚而可笑的人。」

老舍另一篇「談幽默」的短文《「幽默」的危險》，可以和這篇聯繫起來一起看。它裏邊談到，「最容易利用的幽默技巧是擺弄文字」。所以，人們時常把「油腔滑調」當幽默。若按幽默的等級分，這是「初級的，浮淺的」。老舍的幽默真諦在於，「幽默的人只會悲觀，因為他最後的領悟是人生的矛盾。」他是愛人愛物的，也是非幽默不可的。他要強調的是，自己不會因幽默就喪失掉戰鬥了。

但他不解的是，何以幽默的人在「正人君子與戰士」看來就「如眼中釘」，「被人視為小丑，永遠欠著點嚴重，不懂得什麼叫作激起革命情緒。」因此，他的「悲觀」、「頑皮」、「誠實」和「容讓人」就都變成了「危險」。不過，「他看清了革命是怎回事，但對於某戰士的鼻孔朝天，總免不了發笑。」是呵，沒有幽默，哪還會有老舍呢？要是沒有了老舍，也就沒有了幽默，才真可悲呢。

或許他的幽默可稱得上是中國文人幽默中的一個典範，是屬於給中國人掙臉面的那種幽默，當有人指責中國人不懂幽默時，只能回應說我們有老舍。不可悲嗎？似乎中國人的幽默裏就剩老舍了。這一定是老舍先生不願看到的，因為人

們生活中並不缺乏可供幽默的佐料。老舍幽默散文裏的佐料不全來自生活嗎？他打趣、針砭、諷刺的那些個人和事，都是生活本真和病態社會諸相的反照。他把它們拆散、肢解了，和上幽默的調料，放到語言的油鍋裏煎炒烹炸，盛出一道道色香味俱佳的菜肴。技巧全在火候上。

關於老舍運用幽默語言，也就在掌握「烹調」火候上，有兩種相反的意見。一說火候剛好，調料、用油配製得當，菜肴耐讀耐看，美味可口，且極易吃上癮。心裏只有佩服的份兒，學不來這門手藝，只有去做回頭客。吃得多了，胃口倒也上去了。你會慢慢發現，身邊的一人一事一情一境，都是可以幽默的，或消閒，或諷刺，全在調配與火候。老舍是當然的幽默烹飪大師；二說老舍的烹調火候過了，經常故作俏皮，耍幽默，結果給人一種「油嘴」的感覺。並說幽默這東西得無意間小炒，可能會是好菜。如果刻意爆炒，就會叫人吃膩了。自然，蘿蔔白菜，各有所愛，口味不可強求。這幽默的火候也只有大師能掌握好。火小了，半生不熟，如哽在喉，難以下咽。火大了，又滿嘴油滑，利落了嘴皮子，卻虧待了舌頭上的味蕾，餘韻皆無。

我是極偏口老舍幽默散文的，是吃上癮的那種回頭客，隨便哪一篇，每每讀來，從沒覺得過時和陳舊，他幽默的一切人和物事，有許多今天仍在生活裏徜徉。《當幽默變成油抹》、《考而不死是為神》、《避暑》、《習慣》、《有了小孩以後》、《多鼠齋雜談》等篇，怎能讀的煩呢？

老舍的幽默是無處不在的，且幽默裏的俏皮、機鋒無不

閃爍出睿智的亮色。他幽默裏的自嘲，也絕不僅僅就是拿自己說事兒，而是在一些人稱謂的表面「油滑」的背後潛隱著深刻的文化內涵。比如老舍在追憶一九二四年抵達倫敦接受英國海關檢查時，曾風趣地寫到：「那時候，我的英文就很好。我能把它說得不像英語，不像德語，細聽才聽得出——原來是『華英官話』，那就是說，我很藝術地把幾個英國字勻派在中國字裏，如雞兔之同籠。英國人把我說得一愣一愣的，我也把英國人說得直眨眼；他們說的他們明白，我說的我明白，也就很過得去了。」看似輕鬆的調侃，卻把他所接受的英語教育數落了一下，其實也就像今天我們很多學英語的人，在接受了多年的英語教育以後，仍然說著「啞巴英語」一樣。

老舍的幽默不但沒過時，且具有永恒的魅力和價值。他絕不是那種耍嘴皮子，賣弄搞笑那種作家，他是真正有思想、有才華，而又精通寫作之道——這點頂頂重要——的語言大師。若不諳熟寫作之道，思想、才華會憋在肚了裏爛掉，誰人能知曉。

在書房裏，每讀老舍散文，就好像再次沐著由閱讀老舍所帶來的愉快的日光浴，真是一種享受的樂趣。老舍散文大體可分成三塊，一是幽默諷刺的，二是抒情、寫景、記人的，三是一點點文論。老舍的文論沒有半點學究氣的冷面孔，那最讓人畏途。它也是純粹老舍味的，旁人不大學得來。

中國現代文學史上，經得起時間的磨礪，能讓人不斷去閱讀、挖掘、研究的作家實在不多，老舍是一個。

悲劇美的老舍劇作

　　老舍寫劇本的時候，已經是個四十歲的中年人。可他說，像他開始寫小說時並不知道什麼是小說一樣，「也並不曉得什麼是戲劇」。他抱著一種「玩玩看」的態度，仗著「文字與生活經驗」，就硬寫起來了。

　　老舍最初是以小說筆法寫劇本，因爲他還不知道小說與戲劇的區別，「以爲劇本就是長篇對話」。但他畢竟已經是出色的小說家，劇本是不至於差的，所以他的第一個劇本《殘霧》被發表、演出之後，「未遭慘敗」。他自謙地稱之爲「瞎貓碰著了死耗子」，甚至說「我一想到《殘霧》就害羞」。修改了五次之多，爲紀念抗日愛國將領張自忠殉國而寫的話劇《張自忠》，及時歌頌了這位精忠報國的民族英雄，演出引起巨大轟動，但由於「完全沒有技巧」，不能令他滿意。而「《面子問題》還是吃了不管舞臺的虧」，還沒有達到「有戲」的程度。《大地龍蛇》有了思想，結構卻幼稚。與宋之的合寫的宣傳抗日的劇作《國家至上》，因宋之的有寫戲的經驗，演出取得了宣傳上的成功。他說：「從『七七』抗戰後，我差不多沒有寫過什麼與抗戰無關的文學。我想報個人的仇，同時也想爲全民族復仇，所以不管我寫得好不好，我總期望我的文字在抗戰宣傳上有一點作用。」

　　作為藝術家，老舍在「自得於」自己以小說筆法寫戲劇的同時，心裏也非常清楚，好的對話絕不足以支撐起一個戲。到了《歸去來兮》和《誰先到了重慶》，他開始關注舞臺技巧的東西了。但他又反過來覺得，自己在人物和對話方面的長處丟失了。「顧舞臺，失了文藝性；顧文藝，丟了舞臺」。他覺得還是寫小說比寫劇本來得痛快。他在《我怎樣寫〈劍北篇〉》一文中，索性說「話劇，在抗戰中才敢試一試，全無是處」。但他在後來寫的《閒話我的七個話劇》裏，流露出了對《歸去來兮》的鍾愛。他覺得這個劇作是「相當完整的」，「單以一篇文藝作品說，我覺得它是我最好的東西。」

　　老舍早就明白戲劇不僅要在文本上完備，更重要的在於「它必須在舞臺上表演。因為它必須表演於大眾目前，所以它差不多利用一切藝術來完成它的美；同時，它的表現成功與否，便不在乎道德的涵義與教訓怎樣，而在乎能感動人心與否。」

　　他還轉引亞裏士多德《詩學》中的話說，戲劇「不是要印出來給人念的，而是要在舞臺上給人們看生命的真實。因此，戲劇是文藝中最難的。世界上一整個世紀也許不產生一個戲劇家，因為戲劇家的天才，不僅限於明白人生和文藝，而且還須明白舞臺上的訣竅。」「我老是以小說的方法去述說，而舞臺上需要的是『打架』。我能創造性格，而老忘了『打架』。我能把小穿插寫得很動人，『還是寫小說的辦法』，而主要的事件卻未能正出正入的掀動，衝突，結果呢，

小的波動頗有動蕩之致，而主潮倒不能巨浪接天。」

老舍所說的「打架」，換個詞就是「戲眼」。戲無眼而不立，戲有眼則靈通。這其實也就是戲劇理論上常說的能夠產生悲劇美的戲劇衝突。「據我看，結構與人物的高尚與否似乎不成問題，所當注意的是結構與人物的如何處理。」即衝突。而結構「是極經濟的從人生的混亂中捉住真實。」但老舍的「打架」所具有的更深層的內涵則在於，它等同於「衝突」，而「衝突」似乎只是悲劇的專利。

令人難以想像的是，老舍居然在一九五七年反右開始前，當時的悲劇創作已全部「被打入冷宮」的時候，寫下了他平生惟一一篇專論悲劇的文章《論悲劇》。他認為悲劇是「描寫人在生死關頭的矛盾與衝突，它關心人的命運。它鄭重嚴肅，要求自己具有驚心動魄的感動力量」。這就與西方自亞里士多德以還諸多哲學家、美學家所闡釋的悲劇在精神氣質上相吻合了。以別林斯基為例，他在《戲劇詩》中明確宣示說：「悲劇的實質在於衝突，即在人心自然欲望與道德責任或僅僅與不可克服的障礙之間的衝突、鬥爭」，而衝突的實質則在於「命運對獻給它的犧牲品的無條件的要求。」老舍認為，是「表現人物與環境或時代的不能合拍，或人與人的性格上或志願上彼此不能相容，從而不可避免地鬧成悲劇。」實際上，綜觀老舍的小說創作，他寫得最為出色的，也無不是那由人的悲劇命運所帶來的具有悲劇內蘊美的作品，像《月牙兒》、《我這一輩子》、《駱駝祥子》、《離婚》等等。

可以說，熟諳古希臘悲劇和文藝復興時期英國戲劇的老舍深知，戲劇的藝術魅力在某種程度上，幾乎完全取決於它所具有的內在的悲劇精神，而只有能夠產生壯闊的悲劇美的戲劇，才有可能稱得上是偉大的戲劇。古希臘的悲劇和莎士比亞的四大悲劇莫不如此。若單從這個意義上說，老舍的話劇作品裏眞正具有悲劇結構、悲劇精神的悲劇美的，只有《茶館》。《龍鬚溝》要弱許多。

老舍非常折服於古希臘的悲劇藝術，他曾說：「假若希臘悲劇是鶴唳高天的東西，我自己的習作可仍然是爬伏在地上的。……古希臘的三大悲劇家是世界文學中罕見的天才，高不可及。」慶幸的是，他寫出了自己話劇藝術的巔峰之作《茶館》，也使他成爲現代京味話劇第一人，而中國現代話劇在藝術上堪與世界戲劇精品比肩的，也只有曹禺的《雷雨》和他的《茶館》這中國話劇史上的兩個里程碑。也正因爲此，恰如曹禺所說，老舍「使中國話劇藝術在國際上煥發了奪目的光彩。」

曹禺提及自己讀到《茶館》第一幕時說，「我的心怦怦然，幾乎跳出來。我處在一種狂喜之中，這正是我一旦讀到了好作品的心情。我曾對老舍先生說：『這第一幕是古今中外劇作中罕見的第一幕』。如此衆多的人物，活靈活現，勾畫出了戊戌政變後的整個中國的形象。這四十來分鐘的戲，也可以敷衍成幾十萬字的文章，而老舍先生舉重若輕，毫不費力地把泰山般重的時代托到了觀衆面前，這眞是大師的手筆。……」他和北京人民藝術劇院演出《茶館》的話劇演員

不止一次地慨歎，「那個第一幕是經典吶……戲多麼快呀……叫人心跳！」

還是以《茶館》來簡單說幾點老舍話劇的藝術魅力何在，首先它的背景取自老舍再熟悉不過的北京。「我生在北平，那裏的人，事，風景，味道，和賣酸梅湯杏仁茶的吆喝的聲音，我全熟悉。」「北平是我的家，一想起這兩個字就立刻有幾百尺『故都景象』在心中開映。」《茶館》以北京老裕泰茶館爲背景，描寫了清末、民初和抗戰勝利以後三個不同時代的社會生活。三幕戲，每一幕寫了一個時代。

其次，作爲語言大師的老舍特別強調語言，「在動筆寫劇本的時候，我們應當要求自己是在作『詩』，一字不苟。」「作者須既有高深的思想，又有高度的語言藝術修養。他既能夠從生活中吸取語言，又善於加工提煉，像勤勞的蜂兒似的來往百花之間，釀成香蜜。」

老舍善於把自己的思想交給筆下各式各樣的人物，由人物隨口說出的話，往往是經他「十年磨一戲」費盡心力，深思熟慮過的。單從這一點，也可以見出作爲戲劇大師的老舍把現實眞實提煉昇華爲藝術眞實的高超本領。老舍能一句話寫活一個人物，隨便舉個例子，像宋恩子一句「誰給飯吃，咱們給誰效力！」吳祥子一句，「要我們效力的都仗著洋人撐腰！沒有洋槍洋炮，怎能夠打起仗來呢？」這兩個老舍筆下一唱一和的「哼哈打手」，不論在滿清帝制下當差，還是在民國共和裏供職，他們身上所體現出的政治、社會、經濟、文化等諸多層面的劣根形態，沒有因時代的更迭有絲毫

改變。

第三，也是最重要的，「戲劇是表現眞實的，也是藝術的，它的佈景是必須利用各種藝術而完成一個美的總集。」具體到《茶館》，老舍是怎樣來表現戲劇的藝術的眞實呢？那就是用小人物生活上的變遷來反映社會時代的變遷。老舍說，「茶館是三教九流會面之處，可以容納各色人等，一個大茶館就是一個小社會。」他就是要「用這些小人物怎麼活著和怎麼死的，來說明那些年代的啼笑皆非的形形色色。」所有這些當然都得借助複雜的結構巧布，衆多的人物雕塑，以及韻致的意境營造等藝術手段來完成。正因爲此，《茶館》才成爲了中國寫實詩劇藝術的集大成。

拿王掌櫃來說，他是貫穿三幕始終，牽引著全劇脈絡和人物命運發展的樞紐，是結構和人物命運的雙重原點。他是一個能夠八面玲瓏應酬三教九流的茶館掌櫃，精明、幹練、不失本分，巧於世故，謹小愼微，又善於察言觀色。他身上幾乎占全了舊時代他能代表的那個階層人們所共有的複雜的性格特點，但它又不是一成不變的。正如老舍所說，「寫人物要『留有餘地』，不要一下子筆就全傾倒出來。要使人物有發展。」

王掌櫃秉承著「多說好話，多請安，討人人的喜歡」的父訓，可這套處世哲學並非應付一切的「萬金油」。他可以把「莫談國事」四個字寫得越來越大，但不談不等於沒事。當唐鐵嘴表示要感謝這個年月時，他不無奚落地說，「這個年月還值得感謝！聽著有點不搭調！」他早膩煩了打仗的新

聞，所以才反諷地詰問報童，「有不打仗的新聞沒有？」可到頭來，還是他不談的「國事」，即時代的風雲變遷使他這座「小茶館」飄落頹敗。到第三幕中，已經老邁的他想順應著「改良」，添女招待，卻連整座茶館都被霸佔了去。因此，經歷了半世滄桑的王掌櫃，絕望之下，只有和同樣絕望的秦二爺、常四爺撒紙錢「祭奠自己」。這亦是神來之筆，不啻是爲舊時代唱挽歌。

《茶館》的人物衆多，性格及命運也異常複雜，老舍採取的是一種蛛網式鋪設的結構格局，即所有緊密勾連的點、線，都由王掌櫃這樣一個「原點」相勾連，達到多點聚焦，多點透視的藝術效果。

第四，是北京人民藝術劇院的藝術家們，以卓越的藝術才華，傳神地將老舍的戲劇美蘊完整地傳達出來。在某種程度上可以說，老舍打造了「人藝」風格，「人藝」昇華了老舍藝術。從五〇年代初上演《龍鬚溝》，到一九五八年的八年間，「人藝」接連排演過老舍的《春華秋實》、《青年突擊隊》、《茶館》、《紅大院》、《女店員》、《駱駝祥子》等七部話劇。有些早已成了「人藝」的保留節目。

老舍始終認爲，優秀的演員本身就該是藝術家，「有許多人以爲表演不算是藝術，這是錯誤的。一個演員的天才、經驗與眞誠，是不能比別的藝術家少的。誠然，他的職務是表演，不是創作，但是，設若他沒有藝術的天才與經驗，他決不會眞能明白藝術作品而表演到好處。」

「人藝」第一代飾演王掌櫃的表演藝術家余是之，對

《茶館》有獨到的領悟。他說，「老舍先生就用最平常的字，組成一萬八千多字的對話，概括了半個世紀的歷史，而且概括得那麼生動、深刻。老舍先生運用語言的能力，確實是無愧於前人了。」「它是條表面平靜，卻很流暢、深廣的河。這是說『本色』。再說『當行』，用現在的話說，就是臺詞的性格化。……第三個問題，『不工而工』，『寓教於樂』。老舍先生是大雅近俗。……我覺得他寫戲的時候，第一尊重生活，第二心裏有看戲的人。……我對《茶館》這個劇本的看法，一個是他的真實；一個是他把政治傾向隱藏在性格描寫當中；再就是『本色當行，不工而工』」。

　　老舍是個自覺的藝術家，他總是以飽滿的熱情不斷地嘗試新的寫作式樣，單戲劇的題材、類型就很繁多，數量也大的驚人，除了上邊提到的話劇，以及一九四九年前所寫的抗戰京劇《新刺虎》、《忠烈圖》、《薛二娘》、《王家鎮》等，一九四九年後，他還寫了京劇《十五貫》、《青霞丹雪》、《王寶釧》，曲劇《柳樹井》，歌舞劇《消滅病菌》，歌劇《青蛙騎手》、《第二個青春》、《拉郎配》。話劇就更多了，如《方珍珠》、《女店員》、《西望長安》、《神拳》、《寶船》、《全家福》、《荷珠配》、《人民代表》、《生日》、《春華秋實》、《青年突擊隊》、《秦氏三兄弟》、《紅大院》等等，這還沒把他與趙清閣合寫的話劇《王老虎》和《桃李春風》以及《龍鬚溝》和《茶館》算在內。

　　四〇年代末，老舍在紐約還用英文寫過一個話劇劇本

《五虎斷魂槍》，屬於鉤沈出來的未刊發稿。這除了具有史料價值，還可以考察和研究老舍用英文寫話劇的視角和藝術感覺。

解讀五篇老舍小說

　　巴金在懷念老舍的一篇散文中說：「他雖然含恨死去，卻留下許多美好的東西在人間，那就是他那些不朽的作品。我單單提兩三個名字就夠了：《月牙兒》、《駱駝祥子》和《茶館》。」

　　《月牙兒》脫胎於老舍在一九三二年上海「一·二八」事變時商務印書館大火中化為灰燼的長篇小說《大明湖》。那是其中「最有意思的一段」，但「它在《大明湖》裏並不像《月牙兒》這樣整齊，因為它是夾在別的一堆事情裏，不許它獨當一面。由現在看來，我愡願要《月牙兒》而不要《大明湖》了。」可見老舍對《月牙兒》鍾愛。

　　我一向覺得《月牙兒》和《我這一輩子》是老舍最好的兩個中篇小說，且風格迥異。

　　我想，熟讀《紅樓夢》的老舍或許是有意將曹雪芹理念中天生「蝸居」在大觀園裏超現實的「女兒們」進入社會以後的命運悲劇，外化了一些在《月牙兒》裏。簡言之，曹雪芹筆下未出嫁的青春女兒最是「清爽可人」，鬚眉濁物則「臭氣逼人」。女兒一旦進入男權的社會藩籬，縱使清爽得潔身自好，也難逃被侮辱與損害的厄運。像這樣藝術地表現出的無法避免的悲劇宿命，才是人間真正的大悲劇。同時，

藝術的悲劇審美價值，也是在這裏才最能得到體現。

　　《月牙兒》即是如此，表面是寫一對母女被社會逼良爲娼的故事，但它鋒刃的筆鋒無疑是指向了社會這座「大監獄」。情節其實很簡單，父親去世後，母女倆相依爲命。母親爲能養活女兒，用盡了包括改嫁在內一切抗爭的辦法，最後不得不靠賣身支撐生活。隨著女兒長大和母親日漸的人老色衰，如何擺脫饑餓的生命抉擇無情地落到了女兒面前：是重疊母親的「身影」，靠出賣青春的肉體過活，還是走一條純眞清爽的「女兒」之路？因爲母親「那個掙錢方法叫我哆嗦」，女兒不惜與她瞧不起的母親分手，卻不得不像當初母親一樣「漂流」在險惡的社會漩渦，受到的是各種碰壁和屈辱，被誘騙失身以後，還在掙扎，她不甘就讓自己清爽的女兒身淪落爲一個打情罵俏的女招待。但一切的努力都拗不過「肚子餓是最大的眞理」，「若眞掙不上飯吃，女人得承認自己是女人，得賣肉！」而且，她像當初母親靠「賣肉」養活自己一樣，也靠「賣肉」養起了母親。

　　如果說母親的「墮落」還算茫然的被動，女兒的「墮落」雖有太多的無奈，卻也有幾分清醒的主動，這就使作品的悲劇氣氛更加濃重。每讀到此處，我總覺得，深刻懂得古希臘悲劇美的老舍是藝術地將「俄狄浦斯」注定「殺父娶母」的情結溶解在了這裏。換言之，這種命運的悲劇是無法擺脫的：「我的媽媽是我的影子，我至好不過將來變成她那樣，賣了一輩子肉，剩下的只是一些白頭髮與抽皺的黑皮。這就是生命。」

　　然而，潛藏在她靈魂深處的「清爽」之氣以及青春的生命之美並沒有完全泯滅。表面看來，似乎她的「良心」、「自尊」和「道德」都讓位給了用肉體換來的活命錢。那是因為「我愛活著，而不應當這樣活著」。當她被「講道德」的大官抓進「感化院」，接著又被投進監獄以後，她竟清醒地意識到「自從我一進來，我就不再想出去，在我的經驗中，世界比這兒並強不了許多。」一個清爽女兒的生命抗爭就這樣被毀滅了，可她對於這個世界的不屑卻分明產生出悲劇精神的詩意美，正像小說開頭時那「帶點寒氣的一鉤兒淺金」月牙兒，淒清、悲切、幽怨，如「一陣晚風吹破一朵欲睡的花。」

　　在小說中，「月牙兒」還有更深一層的意味，它是作品中唯一的抒情化對象，是唯一可以和女兒進行精神溝通的伴侶，甚至可以說是互映的另一個自我，也是唯一使作品的節奏與結構達到「勻調之美」的旋律載體。老舍說過，「《月牙兒》是有以散文詩寫小說的企圖的。」那詩意就全在這殘缺的發出微弱而幽微的光的月牙兒上蘊溢出來。女兒的命運遭際不就形同一彎可憐的高懸無依的月牙兒？一次次的抗爭都在預設的陷阱裏滅頂，不正如同月牙兒被周遭的暗夜無聲地吞噬？同時，墮落的肉體之下，不也還殘存著月牙兒一縷瑩白的「清爽」與高潔？

　　《月牙兒》是一篇精緻的充滿了悲劇美的詩意小說。

　　老舍有本事在他的小說裏讓性情最善良、地位又最低下的小人物遭受最悲慘的命運。《我這一輩子》全篇寫的就是

一個社會地位卑微的「臭腳巡」「一輩子」的生活悲劇。

簡單說，所謂悲劇就是展現抗爭命運而又抗不過命運的過程，在《我這一輩子》裏，就是「年頭兒的改變不是個人所能抵抗的，胳膊扭不過大腿去，跟年頭兒叫死勁簡直是自己找彆扭。」換言之，也就是「生命簡直就是自己和自己開玩笑。」

其實，「我」從一開始就想順應著命運，以能使自己的生活好起來。他先是爲自己在太平年月學了裱糊匠的手藝不愁飯吃而得意，後來又是那麼慶幸自己及時地改做了巡警，因爲「年頭兒的改變教裱糊匠們的活路越來越窄」。但他的悲劇並不因他的這種「精明」而避免，相反，正是他的「精明與和氣」給他帶來了倒楣的「背運」：「俏式利落」的老婆跟著「傻大黑粗」的師哥跑了；學會了「湯事兒」，給人守宅門，提拔爲「三等警」，爾後又當巡長，「對付」了二十年，最後卻讓「惹禍」的鬍子給弄丟了差事；盤算著含飴弄孫的福分時，兒子死了。人生五十，已走到絕路。他是眞不能明白，「在我這一輩子裏，我彷彿是走著下坡路，收不住腳。心裏越盼著天下太平，身子越往下出溜。」到頭來，「還得拿出全套的本事，去給小孩子找點粥吃。……豪橫了一輩子，到死我還不能輸這口氣。」

小說以第一人稱回憶的口吻寫成，並偶爾在「過去」和「如今」的時空出現一次閃回，親切感中透出的卻是更多的仇怨，情節的轉承起落全在不動聲色的平鋪直敘裏完成。像《月牙兒》一樣，表面不起任何波瀾，潛流裏卻糾結著巨大

的悲劇。

讓「我」背運的「丟老婆」和「兵變」，只是「我」這一輩子經歷的兩件大事，而老舍的筆從寫「我」十五歲學徒開始，就時時若隱若現地指向了國民性的批判。這種批判也表現在兩個方面，一個是對「人」的，一個是對「制」的。兩者又是互動有牽連的。前者在「我」得出的人生經驗裏屢見不鮮，比如他常提醒自己「別再爲良心而壞了事；良心在這年月並不值錢」；又比如「在這群『不夠本』的人們裏活著，就是對付勁兒，別講究什麼『眞』事兒。」 還有像「總隊長」不敢違抗馮大人的「條子」，「一個人的虛榮心每每比金錢還有力量。」等自我的感歎，都是隨處可見的明證。

後者則最明顯地表現在「我」對改制的看法上：「兵變」使大清國改爲了民國，可大清的專制還有個「準譜兒」，到了「自由」的民國，「一個小官都比老年間的頭品大員多享著點福。」；「兵變」中「我」所見的「辮子兵」就地正法一個孩子的罪惡行徑以及軍閥官僚的巧取豪奪；「在這麼個以蠻橫不講理爲榮，以破壞秩序爲增光耀祖的社會裏，巡警簡直是多餘。」

兩個方面，兩種角度散點聚焦式的批判都是異常深刻和尖銳的， 而這一切全由「 我這一輩子」的滄桑閱歷裏潛移默化地生發蔓延開來，顯出了老舍藝術上的匠心獨運。他在《我這樣寫〈小坡的生日〉》一文裏曾說：「有人批評我，說我的文字缺乏書生氣，太俗， 太貧，近於車夫走卒的俗鄙；我一點不以此爲恥！」《我這一輩子》純然就是以一個

老巡警口述自傳的形式，將這樣「俗鄙」的文學藝術呈現了出來，語言、語氣、語調、語式，乃至其中包含的各種神情、姿態，都活脫脫一個老北京的巡警。這當然也是最老舍式的，近乎流水帳似的俗白敘述，使一個「小人物」五味俱全的命運切片，淋漓盡致地解剖在「大社會」的顯微鏡下，藝術上達到了一種大巧若拙的渾樸之境。

小說最後一段文字，可以把它看成既是對悲劇情節的昇華，也是對悲劇藝術的點題。因為「我」的「笑」，是由一輩子的人生血淚得來；而悲劇又是一種含淚的笑的藝術。在「我」已經能夠「摸到了死」的時候，卻「還笑，笑我這一輩子的聰明本事，笑這出奇不公平的世界，希望等我笑到末一聲，這世界就換個樣兒吧！」

悲劇似乎在「笑」中結束了，實際上卻是在「笑」中延續著。這是老舍刻意要留下的巨大的藝術想像空間。

讀過老舍短篇《微神》的第一段文字，你也許就會產生疑惑，如此幽麗、溫婉、輕柔、曼妙，遠離了「俗」、「白」的鋪陳，如此亦真亦幻、如影如夢、詩情濃郁的蘊染，哪像是老舍的筆墨。他從來不正面寫愛情，「題材上不敢摸這個禁果」，即便寫也「差不多老是把戀愛作為副筆。」這使《微神》成為了老舍小說中唯一一篇以愛情為主題的「另類」精品。同時，也成了他最「心愛的一篇」小說。借用《微神》裏的話，它是「自然而然地從心中滴下的詩的珠子」。

或許這不僅僅是因為裏邊承載著他初戀的感情，儘管「初戀是青春的第一朵花」，「初戀像幼年的寶貝永遠是最甜

蜜的。」老舍的摯友羅常培在他早寫於抗戰時期的《我與老
舍》一文裏就「洩露」說，《微神》「就是他自己初戀的影
兒。」———段未能締結姻緣的感情，「那位小姐的父親當
了和尚，累得女兒也做了帶髮修行的優波夷！」

　　但我想，老舍珍愛《微神》，除了裏邊有他眞情詩意戀
愛的折光，是至純至愛刻骨銘心的一份情感蝕刻，更重要還
在於它所蘊涵的藝術品質顯示出來的悲劇審美力量，決定了
它是一件放射出永恒魅力的文學珍寶，是一件有獨特精美韻
致的文學雕塑。世界文學名著中作家由自己的切身初戀而寫
成詩意傷感的長篇小說，給我留下深刻印記的是德國作家歌
德的《少年維特的煩惱》和法國作家拉馬丁的《格萊齊拉》，
而老舍是把一場憂鬱哀傷的初戀悲劇濃縮在了一個短篇。

　　情節由散文詩般奇幻詭譎灑滿了夢影的三角山坡開始，
輕輕挑開溫香甜蜜又帶了一點幽怨的夢的幕簾，再由一所
「靜寂與整潔」的小房子引領出幻景下那只我認識的「鏽著
白花的小綠拖鞋」，便「拖」出一段如春雨秋霜般平凡的愛
情故事。小說中，老舍分明是將「小綠拖鞋」作爲了一個象
徵，它「拖」著初戀夢的顏色，也「拖」著那顏色消失之後
殘破的夢影。在夢開始的地方，她從簾下像燕兒似的飛出
來，「腳下一雙小綠拖鞋像兩片嫩綠的葉兒。」而當夢最後
在春天被裝入了一口小小的薄棺材裏，那綠的顏色已是那麼
的淒慘，我也只能是心中茫然，「想起那雙小綠拖鞋，像兩
片樹葉在永生的樹上作著春夢。」

　　小說在情節的交代上其實很簡單：兩個十七歲的男女初

嘗溫馨的戀愛，然後「我」便去了南洋，幾年回來，她已作了暗娼。這中間，她與一青年有過短暫的結合，但因始終情寄南洋而分手；還把自己賣給過一個闊家公子，卻用這肉體「掙來的茶飯營養著」深藏在心裏的眞愛。

　　初戀的情感產生出一種巨大的魔力。因爲「是她打開了我的愛的園門」，縱使她當了暗娼，「我」依然「願意娶她」。托朋友帶話去，卻「帶回來她的幾聲狂笑」。當「我」終於借著「愚癡」的力量，第四次去找她時，她已因打胎而死。「一籃最鮮的玫瑰，瓣上帶著我心上的淚，放在她靈前。」初戀結束了。但「我」由此開始了終生的虛空，「她在我心中永遠不死」。

　　《微神》並非簡單描寫愛情的小說，它的深刻在於老舍不光寫了青春的純情，更寫了青春的欲望。這一點以往強調得不夠。那樣一個青春四溢的少女的肉體，無論她是來自貴族之家，還是市民社會，能夠單靠情思來忍受成熟了的欲望的吞噬嗎？從這個角度說，老舍筆下的「她」還是現代文學史上爲著愛而具有了反叛意味的新女性形象。她不再受舊的倫理道德的束縛，情感上可以靈有所歸，但肉體上她是自由的。她爲著滿足父親的煙癮，爲著自己的生活和生理欲望，「凡給我錢的便買去我點筋肉的笑。」她甚至對著鏡子練習迷人的笑，因爲她「到底是自由的」。即便是四次打胎，「創痛過去便又笑了。」

　　這笑裏的淚是情感無所終的淚，更是欲望無所止的淚。正像小說裏寫的，她既要滿足外在的物質欲望，「一向吃好

的穿好的慣了」，完全「爲我的服裝香粉活著」，而不留一點積蓄；又要「爲滿足肉體，還得利用肉體，身體是現成的本錢。」「我消失在欲海裏」。

　　情與欲或許是老舍要表達的一條伏線，眞愛擋不住欲望，而欲望又無法滿足眞愛。有了情與欲的完滿才會有愛情的完滿。正像她，「肉體的獲得不就是愛的滿足，相似的容貌不能代替愛的眞形。」而最後只剩下「盡著肉體的所能侍候人們。」

　　《微神》是一首含蓄表達情感的悲歌，更是一齣抒寫青春欲望的悲劇。「她」不同於《月牙兒》裏的女主角，是爲生活所迫而「賣肉」。她活得有自己的情，有自己的欲。她敢爲眞情擺脫欲，又敢爲欲而忘乎情。最後是被得不到的眞情和擺脫不了的「欲海」所毀滅。老舍在表現她的情與欲上，不像丁玲寫莎菲、貞貞那樣的蕩氣回腸，藝術處理上卻更是嫻熟圓潤，一派大家氣度。

　　而《柳家大院》全然是一篇完全近乎老舍味兒的短篇小說，語言是純粹的京白，且俗、淺得凡識幾個字的人就能看懂；寫的又是老北京一所大雜院裏窮人的事；人物也多，要分清人與人之間或親或近的關係，還眞得費一番功夫。

　　老舍以他慣用的第一人稱「我」的旁觀側述來展現故事——公公和小姑虐待死了小媳婦。柳家大院裏呈現出來的人生況味，同時又是城市貧民社會人生的一個縮影。「以小觀大」始終也是老舍最熟悉不過的藝術表現視角。《離婚》、《駱駝祥子》、《茶館》都是這樣。

作品由內外兩條線構成，外線是殼，寫小媳婦最終因不能忍受無休止的折磨，上吊自殺；內線是核，寫窮人國民性的劣根和社會的不叫窮人活。兩條線又是始終揪扯在一起寫的，有交叉錯落，有重疊暗合。有時內線即是外線，外線又也是內線。如寫小媳婦的兩句話，「憑什麼好好的一個姑娘，養成像窩窩頭呢？從小不得吃，不得喝，還能油光水滑嗎？」前一個問句是外線，後一個問句就是內線。

另外，外線揭示的是現象，內線表露的是思想。比如，老王單靠給一洋人家剪草皮就硬充起了「文明」。二妞「由那個洋人供給著在一個學校念書，」就敢一萬個看不起嫂子。窮，還要鬧氣，鬧氣還要學「文明」的派頭。這派頭的產生不就是愚昧的奴性哲學在作怪嗎？老王「在洋人家裏剪草皮的時候，洋人要是跟他過一句半句的話，他能把尾巴擺動三天三夜。」回到家，他又用「文明」對付起小媳婦，難怪老舍要不時借一句罵語釋放出對這種畸形「文明」的敲打：「窮人要是狗著有錢的，往高處爬，比什麼也壞。」；「『文明』是孫子。」

簡言之，《柳家大院》就是以一個小媳婦的死來詛咒市民階級低賤、荒謬又可悲的「文明」，以及根深柢固、冥頑不化的愚昧和麻木。像「他們以為她該挨揍。」「男的該打女的，公公該管教兒媳婦，小姑子該給嫂子氣受。」「男人就是喜歡看別人揍媳婦——給自己的那個老婆一個榜樣。」老舍想要表達的是，像這樣在「該」怎麼樣和「喜歡」中約定俗成地延續下來的生命形態，才使國民的劣根性積重難返。

　　老舍在小說裏還十分注意運用帶有戲謔性的對比場景，以烘托和加強藝術的悲感氛圍，並對主題思想起到某種昇華作用。比如，老王在兒媳婦和洋人面前的兩副嘴臉，一個是「文明」的暴君，一個是卑下的奴才。他為借錢不惜給洋人下跪，借了錢扭臉就打著洋招牌「唬住了」房東。而房東又到底是怕他這混洋事兒的，竟不敢因為小媳婦的上吊弄髒了房子而責怪他。又比如，小媳婦死前的受盡虐待和享有的死後哀榮也是有趣而深刻的對比。再有，娘家人被幾十塊錢就搪塞了一條人命。等等這些，全是白描幾筆，即勾勒出一幅民俗民生的小畫卷，國民性卻盡顯其中了。

　　就像《月牙兒》是脫胎於《大明湖》，《斷魂槍》也是老舍由計劃要寫的十萬字長篇《二拳師》，濃縮成了乾淨利落的五千字。

　　故事來源於老舍親身接觸過的事，他說：「過去我接觸過很多拳師，也曾跟他們學過兩手，材料很多。可是不能把這些都寫上。我就撿最精彩的一段來寫：有一個老先生槍法很好，最拿手的是『斷魂槍』，這是幾輩祖傳的。外地有個老人學的槍法不少，就不會他這一套，於是千里迢迢來求教槍法，可是他不教，說了很多好話，還有很多東西沒說，讓讀者去想去。想什麼呢？就讓他們想想小說的『底』——許多好技術，就因個人的保守，而失傳了。」

　　他還在《〈大地龍蛇〉序》裏探討「東方文化」時說：「人存而文化亡，必係奴隸。……一個文化的生存，必賴它有自我的批判，時時矯正自己，充實自己；以老牌號自誇自

傲，固執的拒絕更進一步，是自取滅亡。」

　　以上兩段話可以理解爲是《斷魂槍》顯現出的精神脈象，也就是小說的思想內核。老舍表面寫的是槍，骨子裏寫的是文化。因此，「斷魂」也有了兩層含義，一是五虎斷魂槍法的超絕精進，直奪魂魄；二是文化與時代的斷裂。

　　小說的引子「生命是鬧著玩，事事顯出如此」，意思是說，任何一個生命個體都無法改變時代的更迭變遷所帶來的命運安排。這已經又是一個悲劇的模子。沙子龍亦不例外，「今天」的「火車，快槍，通商與恐怖」，早把他江湖曾經的一切都變成了昨日夢，「他的世界已被狂風吹了走。」因爲「這是走鑣已沒有飯吃，而國術還沒被革命黨與教育家提倡起來的時候。」

　　白天，他彷彿努力順應著這種生不逢時的命運改變，把鑣局改成客棧，「身上放了肉」，收了槍，養了鴿子。可到了晚上，他會關上門，禁不住獨自「摸摸這涼、滑、硬而發顫的杆子，」在想像裏回味起二十年沒遇過敵手的那個「神槍沙」來。老舍最明白，「文化是三段，——過去，現在，將來。」我想，他是有意用小說裏的三個人物來代表：固執保守著「不傳，不傳」的沙子龍，象徵著「過去」自誇自傲的「老牌號」。他是屬於過去的，是被歷史淘汰了的；打把勢賣藝擺弄花架子，靠花拳繡腿虛張聲勢的王三勝，代表著維持現狀的「現在」；學了許多套路，已經身手不凡卻還孜孜以求、千里尋師的孫老者，應該代表的是那時時「矯正」和「充實」自己的希望「未來」。因爲在他的觀念裏，他是

已經懂得，「拿過去的文化說吧，哪一項是自周秦迄今，始終未變，足爲文化之源呢？哪一項是純粹我們自己的，而未受外來的影響呢？」（《〈大地龍蛇〉序》）他是要博采衆家之長，豐富自己的文化。「有文化的自由生存，才有歷史的繁榮與延續。」這本來就是老舍的思想。

　　小說在藝術處理上頗爲圓潤老到，特別是最後的結尾，眞是神來之筆，令人叫絕。五虎斷魂槍究竟怎樣高妙，老舍始終讓它影影綽綽的神龍見首不見尾。當王三勝們的奚落使「神槍沙子龍」似乎被人們遺忘了，沙子龍選了個「夜靜人稀」的時候，「一氣把六十四槍刺下來」，望星空，遙想當年馳騁武林、野店荒林的威風，不能自拔。想起如今的世道，只有歎命運的無奈。他「用手指慢慢摸著冰涼的槍身，」微笑裏甩出斬釘截鐵的四個字「不傳，不傳」，全篇便戛然而止。

　　小說給讀者留下的審美想像空間是巨大的，那一聲似乎能撐破夜空的「不傳」，裏邊鑄滿了多麼深沈而凝重的歷史滄桑。一闋「斷魂」的殘夢，就這樣把「過去」的「文化」埋葬了。孤獨而冷寂，悲壯而蒼涼。一切又都是顯得那麼淒婉而無奈。

太平湖的記憶*
—— 老舍之死㈠

　　說老舍之死，勢必無法迴避文革。任何時候，迴避歷史都是徒勞的。我對歷史很感興趣，對歷史上像老舍之死這樣還存在一些謎團、同時又包含著早已超出其單一非正常死亡的特定內涵的歷史事件，就更感興趣。所以，我才從一九九三年起，斷斷續續花了好幾年的時間，來專門就這個題目做深入的採訪和研究，才有了手裏的這本初步成果《老舍之死採訪實錄》。我肯定會接著做這個題目的研究，我正打算寫一本《老舍：從「反右」到「文革」》，想試著從歷史文化的角度對老舍的精神心靈進行探險。

　　先說這個事件本身，一九六六年八月十八號，毛澤東在天安門城樓上接見紅衛兵，揭開了「紅八月」的序幕。經歷過文革的，我想對這個都很熟悉，沒有經歷過文革的，只能通過歷史，通過自己的想像和記憶的東西來感受。我本人在文革發生的時候才一歲，所以只能是在調查這個事件的過程當中，用我自己這種想像的感悟，回到文革的特定情境當中。通過調查這個事件本身，使我對這個事件有了更深一層

＊此篇爲作者二〇〇〇年八月十六日在中國現代文學館的演講。

的認識，也使我對文革更多了一些思想上的、文化上的、歷史的、哲學的，就是諸多層面的思考吧。文革是一場以文化和文化人為對象的腥風血雨的革命，我們稱它為「文化大革命」。在這場全民族的劫難當中，在文革中罹難的受害者中，老舍先生是比較早的，以生命去撞擊死亡，以死亡的沉默來進行絕望抗爭的作家文人之一。像傅雷，也是在其中的。傅雷、老舍都是在文革剛剛爆發開始的第一場批鬥過後就自殺了，這場劫難一開始他們就沒有躲過去。關於老舍先生是在什麼樣的一種心境下投湖自殺，我的這個調查分成了三個說法。我感覺老舍先生的自殺本身並不是一個單一的事件，本身有很複雜的背景，所以就不能肯定說他是在某一種情況下自殺的，可能是三種情況都有，或者還有其他的。

　　第一個，我總結叫「抗爭說」。在這個方面，最不遺餘力進行大量的查訪和研究的是舒乙先生，他通過閱讀老舍先生本人的作品，然後也通過採訪許多老舍先生同輩的朋友，以及對老舍之死事件的第一現場見證人的調查和了解，來對這個事件作出他自己的判斷。他認為老舍先生的自殺是可以同屈原自殺相提並論的，完全是以一種自覺的捨身取義的，以生命自覺的方式，對自己反抗的政治秩序和不合理的狀態進行絕望的、抗爭的這麼一種慘烈的方式。

　　第二個，是「絕望說」。就是說老舍先生在一九四九年以後創作了大量的、配合新的政治情勢像《龍鬚溝》、《青年突擊隊》等等這些作品，都是他自己，從題材上來說，不是很熟悉的。他所最熟悉的就是描寫北京市民、北京老百姓

和民俗的生活，比如《四世同堂》、《駱駝祥子》，這是老舍先生最擅長的，從題材上，從小說技巧上，也都是老舍先生最善於寫作的。在一九四九年以後，他爲了配合新情勢，不管是他自己主動的、眞誠的也好，還是迫於政治敷衍的也好，反正他寫了非常大量的，自己所不熟悉的，但是又眞心想寫好的作品。今天回過頭來看，他的這些作品從藝術上可以說是比較弱的。就是思想性也僅僅是在當時的一個時段，完全是一種時效性的。

老舍先生他怕自己跟政治脫節，怕跟政治掛不上鉤。他從一九五〇年被周總理從美國請回國以後，就把自己投身到大衆，投身到下層裏邊。比如說他爲了寫《龍鬚溝》，他就眞正到龍鬚溝附近，深入到民間，查訪調查，看到這麼一條臭溝，在黨和人民的關心下很快地變了面貌。老舍先生也是眞心地覺得共產黨領導非常英明，他是懷著這樣一種眞誠的心情、眞誠的態度來創作《龍鬚溝》的。你說對《龍鬚溝》，比如在藝術上還有一些欠缺，我們也不能從今天這個角度去評判、審視老舍當時的那個創作態度。有說他主動歌頌、投靠意識形態這樣的說法，我覺得對一個歷史題材的評判，不能脫離當時的那種具體的歷史情境本身。老舍先生因爲寫《龍鬚溝》被北京市人民政府授予了「人民藝術家」稱號，老舍先生在一九四九年以後在世的現當代的大作家當中，是惟一一個獲得這樣政治殊榮的。也是由於他特殊的這種地位、威望，才有這樣的政治殊榮。老舍先生就不可避免政治上的應酬，就是他除了自己要擠時間寫他自己想寫的作品，另外

他不得不拿出相當多的時間去，比如說開會、去訪問、去視察。

　　那麼這些是不是老舍先生真心想做的？他在做的過程當中是不是也在從心底抱怨，就是說做這樣的事耽誤了自己寫作？老舍先生在一九四九年前有一篇我感覺非常棒的散文叫《文牛》，他就是把自己比喻成「文牛」的。他覺得作為一個寫作人的最大的自由、自在，完全是像牛一樣，默默地耕耘，辛勤地寫作，完全不受任何的羈絆，不受任何的束縛。那麼當政治上的一些事情耽誤了自己的時間以後呢，我想，從心理分析上來想，我感覺老舍先生在當時也不是特別心甘情願地來從事文學以外的事的。撇開老舍先生，當時比如像茅盾、郭沫若、巴金他們內心也同樣有這樣的困惑。比如說茅盾，他一直想推開許多政治上的應酬，那個時候他擔任文化部長，還特地向周總理抱怨說，能不能給他很集中的創作時間，他要寫小說，他不願意進行各種各樣的應酬，耽誤自己的創作。周總理開始不同意，但他要求的次數多了，也就答應了，「我給你三個月的時間」。大家想一想，對於一個把創作視為與生命同等重要的作家，三個月的時間能寫出什麼樣的作品呢？而且他還背負著壓力，就是他在三個月的寫作當中，他要考慮到，他不能不考慮到，三個月之後他還要重新面對他三個月以前的同樣的一些事情和環境。而且這些事情和環境可能是他不心甘情願的。我覺得老舍先生這個時候還沒有太明顯地顯露出來。他的這種心態，我通過老舍先生一九四九年後作品的分析，對這個事件的了解，我感覺

老舍先生這種內心的、不情願做這種事的心態在一九五五年「反胡風」、一九五七年「反右」以後慢慢就變得比較明顯了。他發現自己努力想跟上政治這趟車，政治這條船，但是他發現自己總是走得太慢，游得太慢，跟不上。儘管寫了非常多的、等於是配合政治的作品，但他的困惑也慢慢地顯露出來。因為這些不是他自己想寫的，那麼他就把自己慢慢逼到一種寫作的、掙扎的狀態裏。很尷尬的一種狀態，就是一方面他推脫不開政治意識形態上的一些事情。另外呢，他還得寫一些也許是他自己不喜歡、配合政治的東西，為自己盡量創造一個自由的寫作空間，來在這個空間裏寫自己想寫的作品。

一九五七年之後，老舍先生寫作的數量、寫作的步伐漸漸地慢了下來，他肯定進入了一個很艱難、很困惑的思考的狀態。到後來他在寫《正紅旗下》的時候，我覺得他已經回歸到了他以前寫《駱駝祥子》、《四世同堂》那樣的狀態。很可惜的就是《正紅旗下》沒有寫完，基本上僅僅寫了一個很漂亮的開頭。今天許多作家和學者從純小說的技巧、藝術角度來分析，如果《正紅旗下》照這個開頭寫下去，寫完的話，應該是一部非常棒的名著。這個非常可惜，六〇年代之後，也是由於國家的環境，到文革，使老舍的寫作被迫中斷了。這不光是對老舍，一九四九年以後，像巴金、沈從文這些作家統統都面臨這樣的問題。而且他們的困惑在某種程度上可能還要大於老舍先生，因為老舍先生畢竟在政治上還是比較一帆風順的。像沈從文，他在一九四九年以後，等於被

意識形態拋棄到文化圈之外了。就是說老舍從創作上已經慢慢進入到很困惑或者說也是很絕望的狀態了。如果說導致他自殺的內涵和外因都存在的話，這個可能就是已經潛埋下來的內因。

　　外因呢，就是到了一九六六年的八月二十三日，我們就簡稱爲八·二三，因爲老舍之死是由於八月二十三日，我們就叫它「八·二三事件」。在這一天，這麼一個大作家，六十六歲的老人，在北京市「文聯」那場批鬥大會上，被十四五歲的女紅衛兵，在批鬥中侮辱、毒打。老舍先生作爲一個很有人格很有尊嚴，而且脾氣很烈、很硬的那麼一個人，完全無法接受這一點。用現在一句很時髦的話來說，就是他已經失去了精神家園。因此，儘管他非常愛體面、懂幽默、熱愛生活，面臨這麼一個絕境，你比如像孔廟的那場大火，上年紀的人可能都會知道那次事件，就是一九六六年八月二十三日，在國子監邊上的那個孔廟點起了那堆篝火，強迫那些文化人跪成一圈看著燒「四舊」。紅衛兵們把那些戲裝什麼的都扔到裏面去，這樣的行爲跟秦始皇「焚書坑儒」可以劃上等號了，是同等意義上的。這個時候，老舍感覺到他已經是那個要被坑的儒了，他已經無路可走了。於是他就走上絕路。這個就是老舍之死的「絕望說」。

　　第三個，就認爲老舍先生太脆弱。我剛才提到，他被周總理請回國之後，一直是坐著政治上的順風船，這個像我在訪從維熙先生的時候，他就非常強調這一點。老舍先生在一九四九年以後、一直到文革以前在政治上沒有經歷過任何風

浪，沒有吃過虧的，一直很順。那麼到文革這突然事件的一
嗆，就接不了了。就是說，他在這個很脆弱的神經狀態下，
無法接受這個突發事件。比如說從「三反五反」、「反胡風」
還有「反右」，老舍先生基本都是一個局外人。老舍先生我
想和那些一九五七年「反右」當中二三十歲的年輕人可能不
一樣，因爲他回國的時候已經年近半百，歷盡滄桑，而且他
是這麼懂得生活、懂得哲學。他寫了這麼多的小說，他對世
態炎涼，不可能沒有他自己非常清醒的思考。像五〇年代初
開始出現的一些政治運動，老舍先生心裏也許會有一些清醒
的認識。比如說，在「反胡風」的事件當中，老舍先生沒有
像很多的作家文人一樣跳出來，幹那些刺刀見紅，落井下石
的事。因爲這種事我們今天在反思過程當中，大家能夠看
到，許多作家文人，當然我們不能看到這樣的事情就去苛責
他們，但他們在當時確實由於各種各樣的考慮吧，也許出於
自我保護，怕牽連家人什麼的，都主動地跳出來去揭發、去
批判。那麼老舍先生呢，他也參加了這樣的運動，他不可能
脫身其外的。但是老舍先生的參加跟那些人不一樣，老舍先
生的表態完全是敷衍式的。這是我在採訪了這麼多見證人、
當事者之後，得出的結論。老舍先生絕不是一個一門心思投
身政治、投靠意識形態，不是在這個政治運動當中謀得一些
政治利益的作家文人。老舍先生不是，他是一個很有尊嚴
的、很有人格的屬於純文人作家。而且他又很懂得幽默，他
能夠把一些包括批判當中的一些話語，用比較舒緩的、幽默
的方式給化開。比如說他批判吳祖光，他要表態，他要說吳

祖光，說完吳祖光之後，又去慰問接濟新鳳霞。如果說老舍先生是像那些作家文人一樣的話，這樣的行為就解釋不通了。他沒有必要這樣做，他沒有必要在剛批完吳祖光之後，又去接濟慰問新鳳霞。從這樣一個細節行為舉動來看呢，老舍先生是個非常善良、悲天憫人的這樣一個作家、文人。

　　另外，到一九五七年「反右」的時候，老舍先生也僅僅走過場似地參加過批鬥會，他沒有寫過，據我現在所調查的，老舍先生沒有寫過批判哪個右派的文章。他只是走過場似地表態，這個在一九四九年以後的作家文人當中，今天看來已經是非常難得的了。老舍先生也很有才華很聰明，通過這樣的事他能夠感到自己可能會處在這個運動之外。比如說「反胡風」，「反右」，老舍先生都沒有首當其衝，更沒有被打成右派，老舍先生或許會有一些，不能說是自得吧，可以說是有一些比較輕鬆的心理：共產黨的這種政治運動，對老舍這樣的作家，因為他跟周總理的關係非常好，又是「人民藝術家」，他就不會想到這樣的政治運動會加到他這樣的人身上去。他的地位又很高，北京市文聯主席，所有有順風船的這種情況，就是說等於迎接他的都是鮮花和笑臉，他沒有想到，文革當中會有這麼一種殘暴的方式對他。他太順了，文革當中這一嗆，他受不了了。這個算是「脆弱」的說法。

　　那麼我感覺呢，有誰能神仙般的料到政治風雲的變化無常呢？我想沒有。如果一九五七年「反右」鬥爭當中批人的人，能夠料到他自己在文革當中的命運比那些人可能更倒

霉，在當時他可能就不會幹這種落井下石的事了。因爲這裏有許多事，我們今天也不用再迴避了，有許多作家，你比如說像張光年、周揚這樣的文人作家，他們在一九五七年的做法、舉動、行爲，恰恰是在文革當中得到了比一九五七年更加嚴厲的報復。比如說在一九五五年「反胡風」、一九五七年「反右」的時候，他們都是作爲，說得嚴重一點，可以說是政治的混棒，甚至是爪牙，對一九五七年的這麼多右派進行同仁之間的自相殘殺。到文革當中，他們所受的報復，所遭受的迫害，比一九五七年時他們的同伴更慘。對於這個，我們如果有興趣的話，可以從巴金先生的《隨想錄》當中，得到很多的印證和感覺。巴金先生的《隨想錄》等於是很眞誠的敢於自我否定，敢於自我懺悔。他懺悔自己當年批胡風的時候表態，「反右」的時候表態。到文革當中，巴金自己也被作爲「黑幫分子」，作爲「反動權威」，作爲「黑老K」被打倒。就是說在一九五七年的時候，他也是那些像老舍一樣的順風者，在順風船上飄蕩，根本沒有想到，文革當中會出現這麼大的波浪。他覺得自己可以安然度過。首先一個人不能不考慮自己的生存，自己的生存和家人的安危聯繫在一起，我想這從人性的角度來講也都是說得通的，也都是可以理解的。巴金先生也是這樣，但是這條順風船在文革當中遇到根本意想不到的巨浪，一下子掀翻了。老舍先生在巨浪當中沉沒了，巴金先生等於是拼命地掙扎吧。我想以巴金和老舍爲例來說，爲什麼巴金先生沉默地活下來了，而老舍先生卻以這種很慘烈的死的抗爭的方式自盡了，這跟作家文人自

身的性格有關係。因爲巴金先生，我跟他也有過接觸，看過
他的作品，巴金先生是一個性格很溫和、很柔弱的人。面對
這種疾風暴雨似的批判，他可能更多的屬於那種逆來順受，
默默的忍耐，一直等到有一天黎明的到來。那天到來之後
呢，巴金先生就在眞誠地反省，眞誠地懺悔。而老舍先生，
雖然他表面是一個那麼愛講笑話，那麼懂幽默，那麼熱愛生
活的人，他的性格當中又有很烈的成分在裏面。這就是面對
這種疾風暴雨式的、突如其來的政治風暴，老舍和巴金各以
自己不同的方式來進行生命的選擇。我想這是很正常，很自
然的。

　　一九四九年以後的意識形態，到了文革當中達到了登峰
造極的程度。頭一天的座上賓，第二天就可能會淪爲階下
囚。這在一九四九年以後的意識形態鬥爭當中已經是家常便
飯了。由此引出來下一個說到老舍先生之死的這個事件是偶
然中之必然。而單從事件來看，好像完全只是個意外。就
是說老舍被打是個意外，就像那天我在採訪作家林斤瀾的時
候，他跟我分析：如果那天老舍先生沒來，躲過了這一劫，
在家裏蹲著，不出門，或許再挨過幾天，也就沒事了。我曾
經覺得很有道理。就是說把這個坎兒邁過去，那麼以後的路
或許就寬敞了。但我後來很快就覺得，肯定沒那麼簡單，
如果他躲過了「八·二三」，按照文革當中發展的進程和速
度，他躲過了「八·二三」，那麼，還有「九·二三」，還
有「十·二三」。他已經列入被革命的對象，已經是那個被
坑的「儒」之一。他躲得了初一，也躲不過十五。從這個角

度來講，這是他個人命運中的一個必然，這個必然和文革當中的必然兩者又是連在一起的。就是說老舍，從這個死的意義上來說，他是在劫難逃，必死無疑了。

文革的必然，也是「冰凍三尺非一日之寒」，從「三反」、「五反」就已經可以說是文革的序幕了，就已經以文化和文化人為鬥爭對象了。有人說這一直是我們一九四九年以後政治運動的一種悲哀所在吧，就是這些運動往往是由一些懂知識、有文化的人發動，然後，又動員許多沒有文化、不懂文化的人對有文化的人進行非常殘酷的批判。這個悲劇等於在一九四九年以後周而復始地重複了許多次，到文革是登峰造極。所以說，文革的發生可以說不是孤立的，在文革以前已經在重複地演過許多次的小文革了，文革只不過是一個集中的爆發，只不過在方式上更加激烈和殘暴而已。有了這樣兩個必然，那麼像老舍先生這樣，講尊嚴，又把文化看成自己安身立命的東西，看得比自己的生命還重要，這麼一個文人作家，肯定是要死的。就像作家蘇叔陽，我在採訪他的時候，他跟我說，老舍先生熱愛的文化被摧毀了，然後當時的政治狀態、政治環境又不准你講理，像老舍先生這麼烈性性格的人，只有去死了。

接下來我再簡單講一講「八·二三」，也就是老舍之死事件的經過。有些可能對老舍之死事件的過程，通過看書，通過別的渠道有一些了解。我這兒就是把一些我採訪調查來的給梳理一下，裏面有一些細節是有出入的。我為什麼會對這個事件感興趣，有一點就是事件本身到現在還有許多謎團

和疑點，包括在許多的時間和細節上，比如說老舍先生到文聯去參加「文化大革命」，是怎麼去的，到底是上午去的，中午去的，還是下午去的；是穿著什麼樣的襯衫；批鬥的時候給他掛牌子，那個牌子是木頭的，是紙的；牌子上面掛的是鐵絲，是麻繩，這些我到現在都沒有搞清楚。我覺得這也是調查這樣的歷史事件很有意思的一個地方，就是我們沒有必要讓它做到歷史細節的真實，我們只能達到歷史史實的確切無疑就可以了。像那些細節，就是當時的第一現場目擊著，也由於這麼多年時過境遷，記憶也模糊了。有的可能不在現場，但他是接受了一種道聽途說來的歷史真實，然後再把它傳說出去。歷史就成這個樣子了。

在書店好幾年前，我們都看到過權延赤寫的《走下神壇的毛澤東》，我在讀這個書的時候，有一個感覺，感覺是可怕的。就是這本書我們現在好多人把他當作歷史讀，如果過了幾十年之後，大家可能都不去讀真正的歷史了，而把《走下神壇的毛澤東》當作真正的歷史書。那麼裏面許多的對話，許多的事情如果當成是發生在文革期間的真正的歷史細節來評判的話，我覺得這是非常可怕的事，就等於說已經走入歷史的迷途了。

回到八月二十三號上午，基本上從時間的順序上來說，可以肯定老舍先生是八月二十三號上午到文聯去上班。關於他上班是用什麼交通工具，也有兩個說法：有的說是老舍先生的司機開車送他來的，還有的說是老舍先生自己坐公共汽車來的。這個都不重要，反正他在八月二十三號的上午到單

位去上班了。那個時候的文聯已經亂套了，內部和外部兩撥造反派在奪權，據說內部一個造反派，就是寫小說的柯興，我還沒有找到他，他也在我計畫的訪談對象當中；外部有一個造反派呢，這個人我後面要講到，這是很有意思的一個，也是有很大的一個歷史誤會。是不是眞正的歷史誤會，我現在也沒有搞清楚。這個人是一九六六年北京大學中文系的應屆畢業生，叫侯文正。現在這個人出現了，他用後來他單位審查他的證明材料，來推翻了自己是文聯當中外部的造反派之一，這些材料證明他完全是這個事件的無辜者，被冤枉者。這又是這個事件當中派生出來的非常有意思的事，所以說這個事件我非常感興趣，爲什麼要一直追蹤做下去，它有許多枝枝節節的東西是我在調查當中沒有預料到的，完全是節外生枝。再比如說有些具體的人，像老舍先生去世以後負責太平湖打撈老舍先生屍體的，當時到現場的這個人，是北太平莊派出所副所長高長森。這個人我已經打聽到了，但也沒有找到。大家如果有什麼渠道線索的話，希望能夠幫助我。侯文正咱們待會兒講到這個事件的疑點的時候，專門來講。

　　當時老舍先生上午是一個人悶在辦公室裏，回不了家了。有一個說法，就是說，到中午的時候，老舍先生曾經想過回家，因爲上午有些文聯的同事見到文聯已經亂了套，已經不能按正常的秩序上班了，好多人就好心地勸老舍，包括曾經做過老舍先生秘書的阿甲先生的夫人曹菲亞，就說老舍先生您回家吧，這兒已經沒什麼事了。老舍先生說，司機不拉

我。那時那個司機也已經奪權了，司機罷工了，不拉老舍了，回不去了。等於說，這樣的事，都是上午的時候，他只有默默等待著暴風雨的來臨。但老舍先生還沒有想到，鬥爭的風暴是從下午開始的。女八中的紅衛兵是怎麼突然殺到文聯來的，這也是我到現在還沒有搞清楚的。開始的時候我還以為搞清楚了，就是我在這本書訪談的時候，好多作家，包括林斤瀾，包括端木蕻良，還有浩然，就是寫《艷陽天》、《金光大道》的，他們都作證，說是侯文正打電話把女八中的紅衛兵叫到文聯來，對老舍等一批文化人進行批鬥的。侯文正現在又自己來推翻這件事。到底是誰把這些紅衛兵叫來的，現在也變成一個謎了。但是我又找到了一個人，這個人我還沒有採訪她，計畫下一步採訪，我通過各種各樣的渠道打聽到這個人是北京機械廠的一個工人，據說就是當年掄著銅頭皮帶抽向老舍頭部的那個女紅衛兵，當年她大概十四歲，她叫張阿濤。那麼這個人在指證侯文正叫來紅衛兵的時候，也作證了。這個事情的疑點非常有意思，比如說浩然和楊沫的指證，如果說還存疑點的話，那這個親自打老舍的女紅衛兵提供的證詞是不是應該可信呢？疑團就這麼埋下來了。這個女紅衛兵，過些時候，看看能不能找到她，聯繫一下。如果她肯接受我的採訪，把她當年第一現場的經過從她的口裏說出來，就是很重要的。如果把老舍之死作為一個案件來說，這個張阿濤的證詞、證言，可以說是非常重要的。

　　紅衛兵來了之後，已經有好多文化人被揪出來了，蕭軍、端木蕻良、駱賓基，還有老舍。端木蕻良提供的證詞，

他也已經去世了，他是寫《曹雪芹》長篇小說的，這是我們國家著名的作家，紅學研究專家。他就說老舍先生和他是最後一個被點名、被揪出來的。別人也有的說老舍先生一開始就被淹沒到鬥爭的海洋當中去了。這些細節呢，感興趣的人是想把他搞清楚，但是就對這整體事件來說，這些小細節就不是至關重要的了。

他們被揪鬥出來之後，就算是第一場的批鬥。第一場的批鬥發生在八月二十三號的下午三點多鐘。這第一場的批鬥不是那種特別殘暴的，紅衛兵還稍微有所收斂，只不過那個時候，孔廟準備燒戲裝，破「四舊」，接著這些大作家們去陪綁。於是就來了卡車，包括老舍、蕭軍、端木蕻良就全部被拉到孔廟去了。端木蕻良回憶說，院子中央點起了籌火，紅衛兵把那些唱京戲的一些行頭、戲裝等等全部扔到火裏面去。然後像老舍、端木蕻良、蕭軍，就是我們國家一九四九年以後最大字號的作家們被紅衛兵逼著圍成一圈跪在籌火的邊上，還有紅衛兵用皮帶和唱京戲用的黑紅棍，就是演戲的時候，比如說縣令要審案，那些衙役們喝「威武！」，手裏面扛的那個黑紅棍，用黑紅棍，用皮帶，等於是質問這些作家文人們。端木蕻良就說，有些人沒有做這樣的證言，但是端木老跟我說，有些紅衛兵圍著他們轉圈，逐一問他們，誰是什麼級別，誰是什麼官，誰掙多少錢。誰的官最大，誰掙的錢最多，誰就挨打最狠。老舍先生是首當其衝的，因為他的工資級別和官級在這些人當中幾乎是最高的，他在孔廟腦袋已經被打出血了，然後找了一個唱京劇的水袖，把腦袋包

扎上。水袖很難看，不雅觀，紅衛兵以爲他是在故作醜態
了。那水袖搭拉下來，很長的穗子，這個穗子，作爲一個特
小的細節來說，在回到文聯的第二場批鬥當中，爲他招來了
橫禍。

　　當時在孔廟，老舍被打的現場，有一個當時是北京市文
聯革委會的副主任叫葛獻挺，這個人我也訪到了。在老舍先
生去世、平反以後，這個人在政府的老舍之死的結論當中，
也作了證詞。可能有些地方不是說得很細，我在採訪他的時
候，有些就說得很細了。他說，他當時看到這麼多老人圍著
篝火被紅衛兵毒打，如果出了人命，他作爲文聯革委會的負
責人之一，也是擔當不起的，於是他就從先保命，就是先把
老舍這些血壓高、身體不好的用車拉回文聯。他跟我講，把
老舍從孔廟拉到文聯的是他，是他保護了老舍。就是說，如
果當時沒有他保護老舍，老舍先生可能在孔廟就被打死了。
說不定，而且離篝火又很近，烤得很熱，又是八月二十三很
熱的時候。如果頭一暈，一頭栽到火裏，那人馬上就完了。

　　他看到這樣的慘狀，就把老舍先生送回了文聯，回到文
聯面臨的就是新一輪更慘烈的批鬥了。據幾位當事人回憶，
當時這些十四五歲的女紅衛兵們，也都是烏合之衆，胡亂喊
喊口號而已，她們也鬧不清楚誰是老舍，老舍究竟是怎麼一
回事。見老舍先生繫著水袖，引起她們的一些注意。但她們
還並沒有把老舍作爲唯一的鬥爭對象。這個時候就站出來一
個作家，我們今天也不必隱諱其名吧，她就是現代文學史上
最早寫工業題材長篇小說的女作家草明。她站出來揭發老舍

說，老舍把《駱駝祥子》的版權賣給了美國，他拿美金。這在當時是罪大惡極，不得了的罪過。因為美帝國主義在紅衛兵看來絕對是洪水猛獸，那麼這個揭發就給老舍先生帶來了非常大的災難。

在一本寫老舍傳記的書中有比較細膩的描繪。它的描繪當中有些細節和我調查當中是有出入的，我給大家唸一段，在唸的過程當中有些什麼出入，我也給大家提示出來。這本書是張林琪和白瑜兩個人寫的，我就把他們中間涉及到「八·二三」的那一段擇取出來，題目是《我所經歷的八·二三》。我感覺，他們可能並不是歷史的親歷者，大概也是聽一些親歷者或者是轉述歷史的人，把這些事件匯總起來，作出一個概述吧。

「正在這時一個戴著眼鏡的三十多歲的高個子，見到這些紅衛兵突然興奮起來，他伸長脖子，向這些正嘰嘰喳喳打聽緣由的學生高喊：『革命小將們，站在你們面前的就是反革命黑幫分子老舍，他在今天下午的批判會上態度非常不老實。』老舍聽見那人的話抬起頭說：『我沒有不老實，說話要實事求是，沒有的事我不能胡編。』那個高個子不容老舍先生講完就氣勢洶洶的叫喊起來：『掃帚不到，灰塵不會自己跑掉，我們歡迎紅衛兵小將幫助我們革命』。在那個扭曲的年代裏，一些成年人都狂熱到喪失理智，何況十幾歲的孩子。他的話音剛落，已有幾個學生衝上去，把老舍先生反剪手，讓他坐上了『噴氣式』。『打倒黑幫分子，老舍不低頭就叫他滅亡』。喊叫聲亂成一片，樓道門口擠滿了人，見此

情景，有人和高個子耳語幾句，對面前的幾個紅衛兵說：
『小將們，我們非常感謝你們的大力支援，請你們到樓前主
持老舍的批鬥會。』幾句話使這些紅衛兵熱情更高了，幾個
人押著他，又拽又推往外走，看得出老舍先生已經步履艱難
了。每走一步都有人在他的頭上猛按一下，屁股上踢上一
腳，老舍先生一步三晃地讓他們帶走了。我們被夾擠在人群
中，等我們再次擠到前面時，才發現一塊大木牌已經掛到了
老舍先生的脖子上，上書『反革命黑幫分子』幾個大字。」

　　這兩個人說是掛著一個大木牌，而且大木牌上拴著的是
一根細細的鐵絲，因為大木牌很沉，時間一長，那根細細的
鐵絲就勒進了老舍先生的脖子，可以看到一條很深的紅印。
我在訪談當中有些人跟我講，現場就是用做紙箱子用的那種
紙牌寫上字。他說這上面寫的是「反革命黑幫分子」，而其
他一些證人說寫的是「現行反革命」。這反正都不是非常重
要的，只不過是這個事件的分枝、細節而已。

　　「我們看到細細的鐵絲，深深地嵌進了他的皮肉裏，老
舍先生滿頭大汗，喘著粗氣，他頭上的繃帶已經在混亂中被
撕開了，血布條掛在臉上，兩眼微閉著。人群中一個四十
多歲的女人尖著嗓子叫，『我揭發老舍在解放前把《駱駝祥
子》的版權，出賣給了美國』。這無疑於火上澆油，使群情
爆炸了。許多人喊著說：『快說，快交待，你老實點』。紅
衛兵們為顯示出他們堅定的革命精神，又把老舍先生的胳膊
使勁往後一背，背後又踢來一腳，老舍先生終於支撐不住
了，跌倒在地。左右反剪著老舍先生手的紅衛兵又威風凜凜

地一人踏上一隻腳，一隻手揪住老舍先生的頭髮。近乎趴在地上的老舍先生的臉，已經變得蒼白，痛苦地抽搐著。誰看到這令人髮指的暴行都終生不會忘記。即使這樣，我們仍然聽到老舍先生一字一頓用力地說：『我沒有賣國，事情不是這樣的……』。野蠻的歲月裏，在失去了理智的野蠻的人面前，正義的言詞只能換來無情的毒打和肉體的折磨。我們看不清老舍先生的面孔，只見摻著泥的汗水順著臉頰一道道流下來，從那顫抖的雙腿可以想見，老舍先生用最大的努力強撐著、忍受著。『你裝死，到底說不說？』左邊的那個紅衛兵還發瘋地跳起來，摁住老舍先生的頭使勁往下壓。只見老舍先生猛的直起身來，這突然的反抗動作驚呆了圍觀的人群，也驚呆了壓著他的人。恐怕這些人還沒碰到這麼頑固的黑幫。瞬間我們看到老舍先生的目光中充滿了憤怒，他挺直脖子，發出撕人心肺的呼喊『你們讓我說什麼！』隨著吼叫聲，他突然猛一轉身，將手中的木牌砸在剛才對他又壓又打的女紅衛兵的頭上。」

　　這個細節，也有不一樣的說法。有的就說老舍先生是非常主動的，用力摘下牌砸向紅衛兵。紅衛兵覺得這一舉動是在向紅衛兵反抗、造反，他們肯定是不幹的。還有一些說法，因為那個草繩不是很結實，他把它扯下來之後，往地下一扔，正好碰到一個紅衛兵的腳。就這麼輕輕的一碰，紅衛兵就不再饒恕他，就認為老舍在向革命小將反撲。不管老舍先生以怎麼樣的姿勢，怎麼樣的舉動來做這樣的事，所遭受的報復結果是一樣的。

　　「一切都發生在幾分鐘之內，幾秒鐘之內。當我們清醒了眼前發生的事情時，老舍先生已經被紅衛兵圍在中間，斥罵、質問：你竟敢打紅衛兵！老舍先生被拳打腳踢包圍著，台階下的人往上湧，亂成一片。我們已經被擠出了中心，這時不知是誰從樓內搬出一張桌子，幾個造反派把老舍先生從人群中拉了起來，拖到桌子上讓他跪著。我們終於又看清了老舍先生，眼鏡早已破碎了，臉上青一塊，紫一塊的，渾身是土，身上的汗衫已變成一條一條的了，腳上的鞋剩下了一隻，頭無力的耷拉著，彷彿已是半昏死狀態。只是從他微微起伏的胸口，看出他還活著。造反派對奄奄一息的老舍先生厲聲喊道：『你打了紅衛兵知罪不知罪？』沉默，長時間的沉默，老舍先生彷彿明白了對方的話，頭無力地點了兩下。『把你的罪行寫下來！』紙、筆已經擺在了老舍先生跪倒的膝蓋前，老舍先生好一會兒才拿起筆，每寫一筆似乎都要付出全身的氣力。『我打了紅衛兵，老舍。』寫了這麼八個字，寫了足有五分鐘，寫完老舍先生目光呆滯，完全癱倒在桌面上了。人群外已經停好一輛吉普車，造反派和司機耳語幾句，車分開人群開到台階下，幾個人連推帶架把老舍先生扔進了車內。」

　　這個車是怎麼一回事呢？前段時間，浩然先生有個訪談錄，這個訪談錄是舒乙先生所無法接受的。但這個事件是眞實的，他對這個事兒沒有撒謊。他自己講，剛才提到了一個市文聯革委會的副主任葛獻挺，他是這個副主任當中的一個，浩然是第一副主任。市文聯革委會的主任是一個長期病

號，事實上市文聯當時主要管事的那個副主任是浩然。這個葛獻挺呢是另一個副主任。在整個文聯的鬥爭當中，葛獻挺保護文人作家的次數比較多，他到後來也被作爲保皇派被打倒了。

　　只有這個浩然，一直在文革中還算是春風得意吧。那麼浩然從他的角度來講呢，他說是怕老舍先生被打死在文聯當中，他也負不起這個責任。他說他是以一種假裝的保護方式把老舍先生救出來。就是說，老舍是「現行反革命」，他打了紅衛兵，那麼就別在這兒批鬥他了，我們把他交給派出所，交給公安局。他觸犯了法律。這個時候叫來了一輛車，把老舍先生送到了派出所。想用這種方式把老舍先生先保護下來。

　　那麼送到哪個派出所呢？到現在我也沒有搞清楚，因爲有不同的人跟我說不同的派出所，有的人說是二龍路派出所，因爲市文聯，就是現在那個地方還是文聯，就是北京市文史館，六部口十字路口往右一拐，中宣部的邊上。今天等於面貌已經變了。還有的說是西單派出所，我想西單派出所是可能的，因爲西單派出所離那個地方非常近。這些細節在以後的過程中我是不會放過的，我已經有了一些線索，有了一些了解。這樣的事呢，我會把它慢慢地做得很細，把它補充到下一本《老舍之死採訪實錄》當中。

　　那麼文聯這個簡單的經過，到這兒基本就算結束了。然後就是老舍先生怎樣被接回家。這個如果大家有興趣，我向大家推荐一篇舒乙先生寫的回憶父親的非常感人的摯情文

字，叫《父親的最後兩天》。他就把老舍先生從批鬥挨打到回到家以後，怎麼樣跟母親長談，怎麼樣跟家人對話，家裏的一些細節。今天沒有時間，我就不講了，大家可以找來舒乙先生的這篇文章來看，寫得很長，非常感人，包括寫到老舍先生投湖之後，他怎麼樣去太平湖尋父親，怎麼樣在雨中陪著父親的屍體，度過了非常長的時間，我想那段時間是他非常難受，非常難挨的。反正就是說，在家裏發生了那些事之後，第二天一早，老舍先生穿戴整齊。因為文聯讓他第二天到文聯繼續接受審查，繼續批鬥。老舍先生穿戴整齊，跟三歲的孫女，就是舒乙先生的女兒說：「跟爺爺說再見」。這是老舍先生說的最後一句話：「跟爺爺再見」，然後再也沒跟家人再見了。他去「捨予」了。下面我就來談一下他死的方式。

投湖，肯定是沒有異議的，老舍先生投的肯定太平湖。為什麼要選擇投湖，除了投湖是自殺當中很普遍的一種方式之外，老舍先生投湖可能還有他刻意的選擇在裏面。對此舒乙先生做了很深入的研究。那麼我在這本書裏，這個線索是舒乙先生對我的一些啓發吧。我在做這個書的時候就翻看了《老舍文集》，把老舍先生小說當中、散文當中涉及到的死的描述，都把它們擇取出來。老舍先生對水的一些描述，包括對北京的積水潭、靜業湖以及什刹海，他對水是什麼樣的一種感情，包括他曾經提到過，就是他如果死的話，他願意去投水，去和魚兒做伴。我覺得，就是說，他在潛意識當中，他已經有這樣的對自己死的方式的一種無意識的選擇。

他最後眞的選擇了投水，我想這種無意識的選擇對他肯定會有一些潛在的影響吧。

我在一九九三年訪冰心先生的時候，冰心說到一段話。舒乙先生也是在冰心跟他講了這段話之後忽有所悟。我問冰心，老舍在文革初期便投湖自殺，您對他的死有什麼想法，回過頭看又怎麼去想。冰心告訴我，「老舍自殺很可能，因爲他這個人脾氣很硬，我總覺得他一定會跳水死，他的小說死的人差不多都是跳水。我想他這個人受不了多少委屈，他受歡迎時聽的全是稱讚的話，他也慣了，他被人打得受不了了。所以我聽說他死，我一點都不奇怪，他的脾氣跟常人不一樣，他受不了一點委屈。還有那時候誇他的人也多，從來沒有一個人說他不好，他這個人又很樂觀，平常什麼玩貓呀，什麼種花了，他很隨便。忽然有人對他那樣的批鬥，他是受不了的，他覺得也沒有什麼可留戀的地方。」

冰心說這段話，基本上是一個總結性的，雖然她說的非常簡單，就是說，首先說他死，他一定會投水死。爲什麼？因爲老舍先生小說當中，很多好人的最後終局的悲慘命運都是以投水的方式來結束自己的生命。我們再熟悉不過的《四世同堂》裏面的齊天佑老人，他受了那麼大的侮辱，掛著牌子游街，跟老舍先生在文聯當中挨批鬥幾乎如出一轍。他受了那麼大的屈辱，受了那麼大的自尊的傷害，無路可以走，怎麼辦？他選擇了投湖。就是說，老舍先生最後投湖的方式，和他小說中所涉及到的好人的終局是那麼的相似，這對一個作家來說肯定有它內在的聯繫。那麼她又說到老舍先生

的爲人，雖然說他玩貓呀，種花呀，看上去很隨便、很和氣，但他是脾氣很硬的人，他受不了一點委屈。儘管說他在一九四九年以後，坐著政治的順風船，一直很順。但是這樣的對自尊的戕害和侮辱、摧殘，他無法接受，他只能選擇這樣的方式。

　　那麼下面就涉及到老舍先生去世以後具體的打撈工作，我打聽到是北太平莊派出所執行的，那個副所長叫高長森。關於老舍的投湖，我到目前爲止，了解到兩個他投湖的具體情況：老舍夫人──胡老先生說，老舍先生是腳站在岸上，因爲太平湖，我也找過原來住在太平湖的一些人，他們給我描述太平湖有前湖、後湖，後湖很荒涼，後湖的形狀像一個鍋底，中央水很深，靠岸邊的水很淺，可以看到底邊很厚的淤泥。就是說如果一個不會游泳的人要投水的話，可能是很難邁過這淤泥的。因爲淤泥很深很厚，他要很用力。會游泳的人從岸邊一躍就躍進去了。我正好採訪了一個原來在那塊兒經常游泳的，現在是司機，他就講，他們這些喜歡游泳的人從邊上一躍就過去了。老舍先生已經六十六歲了，他肯定沒有力氣去躍。胡老說老舍投湖腳站在岸邊上，因爲他自己等於是死意已定，死意已決，就站在岸邊上，把腦袋往下一扎，扎到泥裏，等於把自己嗆、悶死的。

　　還有一個非常有意思，有一天，我一個朋友去小西天的中國電影資料館看電影，回來的路上坐出租車，經過積水潭的時候，司機像是自語又像是跟她說，你知道老舍先生投湖就在這兒嗎？這一下就調起了她的興趣，她覺得這個司機能

對這樣的事情感興趣，非常不容易。他說他親眼見到打撈老舍的過程，她就把他的電話留下來。過了幾天，我就找到他，跟他約定時間，把他約到我家裏。他把他見到的向我作了一些描述。他當時還在上小學，剛才我提到北太平莊有位派出所副所長叫高長森，這個人就是他給我提供的。這個副所長和這個出租車司機在文革期間是一個大雜院的鄰居。所以，我覺得這個叫高長森的，從人名上肯定是跑不掉的，就是找他可能還要費一些周折吧。

他跟我說，當時還在上小學，八月二十四號下午，就是八月二十三號老舍被批鬥之後，第二天上午老舍先生走了，走了之後，老舍先生去了太平湖。據舒乙先生回憶文章裏面講，他在太平湖坐了一天，他在思考，他在困惑，他在絕望，最後走入了太平湖。發現屍體已經是八月二十五號了。這個司機跟我講，他和幾個小伙伴到太平湖後湖去玩，正在往湖裏投石頭，發現不遠處漂著一個東西，他們還用石頭砍，後來看清楚了，說那是一個人，可以看到腦袋的後部和肩膀露出水面上，臉部還浮在水裏。他感覺是一個人立著漂在水裏，那些小孩都很害怕，就叫了起來。然後公園裏的人就報案，派出所的人來了，把屍體打撈上來。他跟我說到一個細節，他說，當時發現老舍先生腳上是拴了重物的，這樣我就產生了和這個師傅幾乎一樣的兩個分析，一個是自殺，他怕自己死不了，自己給自己拴上重物，是從那個橋上，因為他給我形容，那後湖有一個橋，橋底下的水是深的，他可以拴好重物之後，從橋上一頭栽下，自殺。就上不來了，因

爲有重物拴著。還會不會有另外一個可能，就是他殺。

　　哪個因素促成了他的死，其實是綜合的因素。我在訪趙大年的時候，他跟我作了一個很形象的比喻。他說，要出車禍，這個人在這個時間，這個地點，通過這個路口被這個車撞死了。如果他在到這個路口之前，碰上一個熟人，說一句話，他都死不了。這個比喻非常形象，就是老舍先生就在這個時間，這個時候，這個地點──文聯，發生了這樣的事，他就死了。還有一點，就是我剛才說的，如果老舍躲過了這一天，還有九·二三，還有十·二三呢？他已經命定在劫難逃了，他已經被列爲批判鬥爭的對象了。就是這一天躲過了，文革他是躲不過的。他又是那麼大的一個文人，而且你看即便老舍死了，在一九六九年的《北京日報》上，曾經發過一整版，還是由官方欽定的批判老舍的整版文章。爲什麼老舍死了，還在這麼做，可以說，對老舍這種作品的褻瀆也好，對文人的批判也好，並沒有因爲他的死而結束，還在繼續。而且，這麼大的一個文人，到最後，骨灰盒裏，連骨灰也沒有，沒有留下骨灰，當時的結論是「自絕於人民」。所以現在他的骨灰盒裏，放著一張老舍先生的照片。老舍先生投湖時的遺物呢，後來等於是還給家屬了，手杖啊什麼的。民間的立場和官方的立場往往是達不成和諧的，這很難，因爲那些決策者考慮的往往跟我們不一樣。人家可能更高屋建瓴，更宏觀，我們是從自己的角度，發發怨氣就完了。但官方它總要有一個衡量，可能也想建文革博物館，只是覺得時機還沒有成熟。那我們就等那個成熟時機的到來。

　　這個問題吧，我也有這個思考。比如說，我們經常提法制，這個法制哪個「制」呢，我們又往往忽略到底是哪個制。這個法制有一個是制度的制，有一個三點水治理的治。那個制度的制的那個「法制」，並不意味著你是在實行三點水的這個「法治」。就是說，我們可能會有一套非常健全的法律制度，但是在這個制度下，並不意味著我們幹的事全是法治的。這是兩碼事，另外比如說，我們有一個法院，這個法院的院長他貪污，怎麼辦？為了監督他，制裁他，我們又設了一個反貪局，那麼這個反貪局誰監督呢？沒有，於是這個反貪局的局長又貪污。這樣的事我們不是沒有，我們從媒體上都可以看到，太多了，國家反貪局局長都已經被撤了，因為貪污。怎麼回事？就是沒有法治。你能說我們沒有法律制度嗎？我們有，而且現在我們常說，我們在不斷地完善和健全自己的法律制度。在健全完善法律制度的同時還要應該推行那個「三點水」的那個法治。

　　柯興在這場運動當中到底扮演了什麼角色，起了什麼作用，他會提供怎麼樣的證詞，這個對我來說現在是一個問號，我不知道，我要找他。還有一個就是據說用皮帶打老舍的那個女紅衛兵叫張阿濤，我也要找她。我曾經聽我的受訪人給我講過，那個女紅衛兵在「文革」結束以後，曾經表示過要到老舍先生家裏去道歉，去懺悔，但後來沒有去。我不知道她是不是背負著巨大的良心譴責，比如說她要去道歉，可能大家都知道她打了老舍，會不會面臨著更大的議論，周邊環境的巨大壓力。也可能是出於種種的考慮吧，反正到現

在她沒有站出來正式地承認她打了老舍，表示懺悔或者道歉。

那麼還有一個，我剛才提到揭發侯文正的時候，很重要的兩個揭發材料，一個是浩然做的，因爲當時浩然是文聯革委會的副主任，他的證詞是非常重要的。還有一個是楊沫日記。侯文正自己講，他在一九六八年就回山西了，文聯這個事件跟他自己絲毫關係都沒有。那麼爲什麼扯上他？他在北大的時候，也算是個才子型的大學生吧。那時他看文藝界的情況非常不滿意，已經在《人民日報》發表批評北京市文聯的文章。侯文正的大名北京文聯是了解的，以爲他這個人要來奪權，因爲他講到北京文聯是一定要革命不可的。但是他講，他只是寫文章，只是在會上說要去文聯，他只是在文聯一晃而已，並沒有眞正的到文聯，並沒有眞正涉及老舍之死這個事件。所以他講，他是無辜的。他現在是山西省志研究院的副院長，今年五十八歲，他講爲什麼對他的指證這麼多呢？當時山西省對他進行調查的時候，審查了他十七個月，審查的結果似乎也是他是被冤枉的，並沒有足夠的證據指出他當時在場，是他叫來了紅衛兵。他自己的證詞當中就講到，揭發他的有一個柯興，還有另外兩個人，三個人說出他打電話的地方，都不統一。有的說他是在傳達室打的，有的說在辦公室打的，有的說在會議室打的。三個證人，三個證詞，三個地點，這個也確實是讓調查者存疑的。

另外我自己在看楊沫日記的時候，也有一份存疑在裏面。就是說，楊沫日記在記載當天發生的事件的時候，她的日期、署名是八月二十三號，好像她是在文聯發生批鬥之後，

回家寫的日記。但是從現在看來，她這個日記是後來寫的，等於是後來的敘述。那麼這樣的日記作爲歷史的證詞來說，可以說十分不可靠。當時在調查侯文正的事的時候，山西省和上面的調查組是把楊沫日記作爲一個非常重要的證詞的。就是說，這樣的日記會給我們帶來一些歷史的物證，也容易使歷史走入迷霧當中去。如果說侯文正的證詞和我們最後的結論，證明他確實是被冤枉的話，那麼這個楊沫日記可以說起到了不好的作用。因爲這個日記當中，她所敘述的有許多一定是後來從別人那裏聽到的。把從別人那裏聽到的事，寫成自己親歷的事，然後又作爲證詞去指證別人。反正這樣的事，給侯文正，他自己說，他被審查的時候大概四十幾歲，就老舍這個事件調查了他十七個月。他面臨著精神、思想、家庭、社會輿論各方面的壓力。十七個月他是怎麼過的，也是挺不容易的。

從老舍事件當中，我覺得可以明白一個道理，就是任何時候不要盲從，應該做獨立人格的人，不做政治的附庸。我想老舍先生最後絕望了，也是因爲感到自己完全被愚弄，被愚弄的這種絕望，清醒的絕望。但是這兒，我覺得可能又說大了，就是說，中國的文人從古至今，還很少有在某一個特定的歷史事件前就保持清醒頭腦的。往往都是事後諸葛亮，就是這個事件發生了，他在回首這個事件的時候，好像覺得自己當時是怎麼樣的清醒。我覺得這是有點不可能的，好像是那種先知先覺了。我們不可能在歷史的事件發生之前，就預見這個歷史事件怎麼走向，怎麼發生，怎麼發展，甚至怎

麼結束，結束後自己又會怎麼樣。這完全是自己一廂情願，等於是後天、事後諸葛亮那種回想，那種假設。這種假設我感覺是站不住腳的。

　　就是說中國文人不保持這樣的清醒，他們才會，首先他一直想寄身於意識形態，一心想當官，濟世平天下，在中國人當中這種情結也是很普遍的，只不過有很多人遭貶呀，被罷黜之後，才淡泊官場，遠離名利，歸隱江湖。他們這種歸隱回園，是在仕途受挫之後。這樣的意識和你自覺自願的與意識形態與政治保持一定的疏離，我覺得是兩個層面，兩個境界。我是說，後種文人的這種境界還很少。往往那種投身政治的人依然很多，不是說一定要讓文人做江湖隱士，那就沒有文人當官了，也沒有文化官，我不是這個意思。我是想說，作為一個文人的話，應該在思想和精神上，至少還應該和一些主流意識形態保持一定的疏離。

　　如果大家有興趣的話，這個問題涉及到我前段時間和王蒙先生在一個學術上的爭論、探討，關於是不是疏離意識形態。我在去年第二期的《縱橫》雜誌上，寫過一篇一萬字的長文章《蕭乾與沈從文：從師生到陌路》。沈從文一九四九年後的道路，是很不幸的，很曲折的。由於他一九四九年後被主流意識形態所拋棄，完全是拋離在意識形態之外。他自己並不甘心這樣。我的恩師蕭乾先生告訴我一些事實，給我提供了一些白紙黑字的材料，我寫這篇文章，並沒有下結論。我的意思是說，陳述歷史事實和對一個人進行道德評判是兩碼事，這不能混在一起。像沈從文，他「投靠」意識形

態的心是有的，只不過是由於他的遭遇，使他的這個想法沒有實現。比如說，他一九五七年的時候站出來去揭發蕭乾，文人之間的揭發是非常普遍的。那麼他的這種表現是不是故意的疏離政治？是不是故意的疏離意識形態？國外在研究沈從文的時候，有一個誤解，就是海外的這些輿論和研究者認為，大陸作家在一九四九年以後幾乎百分之九十九都投身到意識形態政治裏面去了，只有一個人是保持清醒的、孤獨的，這個人叫沈從文。那麼他們送給沈從文一個稱謂，叫「偉大的孤獨者」。我寫這篇文章的目的，就是告訴他們，沈從文如果說他是孤獨，他不是自己選擇的一種「偉大的孤獨」，而是一種被迫的、被逼無奈的，被政治拋棄的一種孤獨。

王蒙先生的文章說，我寫這篇文章的目的，好像是有點以海外以是否疏離政治來評判文人作家為標準。他誤以為，我是在比如說一個作家的地位怎麼樣，如果講他是自甘自願疏離政治的，與意識形態保持一定距離的，這個作家就是好作家，就是海外看重的作家，就是海外給予極高評價的作家。如果這個作家投身政治了，投靠政治了，做了政治的附庸了，他就是一個壞作家或者是政治上有污點的。這個又好像進入了我們今天應該反對的二級判斷那種非此即彼的那裏面去了，這其實是兩碼事。我就說文學的沈從文和政治的沈從文應當分清楚，就是不能因為沈從文在一九四九年以後有這種做法吧，我們來抹殺他，或者貶損他。「文學上的沈從文」，和「政治上的沈從文」，應該比較清楚地分開才對，

所以我和王蒙先生有文章上的爭鳴吧。

下面就簡單講一講反思文革。在文革當中發生老舍之死這樣的事絕不是孤立的，導致老舍先生自殺的根源，其實我覺得也正是導致文革發生的根源。這個根源究竟是什麼樣的，我們至今還沒有足夠的、深刻清醒的審視。我們要探討歷史，我們要反思歷史，為什麼會在中國的土地上發生文革這麼大的人類悲劇。到現在，不論是從官方，還是從民間，我們所做的反思和思考都不夠，民間還有思考的聲音，但這個聲音往往還被壓下了。官方可能有它的那種考慮，比如說，擔心對文革進行大面積的自上而下的反思，可能會帶來一定程度上的思想上的混亂，會影響目前的穩定，而且我們現在的國策是以穩定來壓倒一切。那麼，我感覺這個好像並不矛盾，就是說，從反思文革的角度來把大家的思想進行一定的梳理，我覺得只會對當前治國者的領導，和我們百姓的正常思維吧，有一個自由的空間，我覺得只會有好處。可惜我們現在，我感覺做的是很不夠的，而且這個時間不知要拖多久，拖得越長越會不利。

我們總提醒日本人，前事不忘後事之師，忘記歷史就意味著背叛，我們這點是指責日本人不承認二戰的侵華史，為二戰侵華到現在依然不肯道歉，屢次在日本中、小學的教科書興風作浪，篡改歷史，企圖掩蓋歷史。在這一點我非常佩服德國人，我從許多材料看到，德國人在二戰期間，關押屠殺猶太人的許多集中營，都把舊址建成二戰的紀念館，供德國人民來參觀。他們參觀的目的就是讓德國人永世不忘，記

住歷史，避免重蹈覆轍。現在我們從新聞、報紙上都能看到，德國現在右翼新納粹還是很猖獗。那麼做這一點是非常必要的。

八〇年代初的時候，巴金先生他提出來兩個設想，一個就是我們今天能夠坐到這裏探討問題的現代文學館，這個是巴金先生最早在他《隨想錄》當中提出來的兩個設想之一，要建一個現代文學資料館。另一個設想，就像德國人似的也希望國家建一個文革紀念館，就是把我們在文革當中爲什麼發生那樣的慘劇，對文革的思考，對文革發生這種慘劇的根源進行探討，以及文革當中，比如說紅衛兵使用過的這種血腥的皮帶、棍棒，老舍先生的血衣，如果留下來的話，都可以在這個博物館裏陳列，可以最起碼讓像今天來的小朋友，包括我在內，都可以教育他們，文革當中到底發生了什麼。因爲文革當中的慘劇，我只能通過採訪，用我的想像把那個慘烈的畫面展現出來。但是並沒有一個具體空間的展示，沒有具體的，沒有具象的。

我覺得從這個角度來說，我們國家應該在一個適當的時候，應有這樣一個館，既然我們有這樣對待歷史的態度，提醒人家前事不忘後事之師，我們自己也應該對自己的歷史有一個非常清醒的認識。看看我們周圍，如果大家細心體會的話，反正我自己有這樣的體會，就是文革那種疾風暴雨、加槍帶棒式的大批判已經沒有，但是我感覺，有很多人很留戀文革遺風，甚至情有獨鍾。大字報沒有了，不見了，但是小報告、匿名信仍然在有些地方很盛行。這個其實也是文革遺

留下來的，也是我們一直沒有認真反思文革所帶給我們的後
遺症，在今天仍然發作。縮小到文學圈，單說文學批評，也
還是經常有那種紅衛兵式的話語大篇出現。比如前些時候爭
論很盛的「二余」之爭，余杰、余秋雨，我感覺余杰在這個
方式上不是很明智的，就是他以一種紅衛兵式的強迫逼余秋
雨進行懺悔，他沒有這個權利。余秋雨他自己有懺悔的權
利，也可以選擇不懺悔，那是他自己的自由。你不能以一種
逼迫的、紅衛兵式的方式去逼迫人家懺悔。在這一點上，我
可能受到我的恩師蕭乾先生的影響，他常告訴我一句話，他
文章中也寫到，他一九五七年被打成右派的一個罪狀，也是
在文章當中提倡這樣觀點，這句話在西方很盛行，我們不大
愛說，就是說，「我完全不贊同你的觀點，但是我寧願犧牲
我自己的性命，去維護你說出你觀點的權利」。西方是很看
重人的個性權利的，而文革就是抹殺摧殘這種個性的權利，
這樣的虧我們已經吃了很多了，早該是清醒的時候了。

　　最後我再講一點，發生文革這樣的慘劇還有一點，這是
我的一點心得和認識吧，不知道大家是不是贊同。這一點沒
關係，反正學術上的一點探討，觀點上的一些異同，我們都
可以討論。看到周圍的一些事，一些人，我感覺相當多的中
國人缺乏同情心，骨子裏實際上還有著很強的暴力情結。就
是我們的神經早已習慣於接受那些以正義或革命的名義所進
行的屠戮，比如說文革當中對老舍的批判，完全也是紅衛兵
以文化大革命這樣一種正義的招牌和旗號進行革命。我們的
神經接受這樣的屠戮是什麼呢？比如說，從古延續到今，古

代許多朝代都有連坐，這個我們很清楚，誅連九族，很殘酷。但是古代，歷朝歷代，我們有多少人認眞思考，這種連坐、誅連九族的做法是不是合理的呢？人們已經司空見慣了，好像都覺得那些受牽連的無辜者，同樣罪有應得，沒有人敢理直氣壯地對他們進行同情和憐憫。比如說，有一個朝廷命官，貪污受賄被判死刑。他的家庭可能就會滿門抄斬，作爲社會輿論，作爲官員的周邊的人，都覺得跟他一起被處斬的無辜家屬、無辜僕人、衙役，跟他一樣，也是罪有應得的。那麼就說我們，說大了的話，就是國人，這個觀念也比較強吧。對這樣的個人生命的權利，我們可以說，一直沒有從人性這種尊嚴去尊重。由於這樣的歷史的形成，歷朝歷代到我們今天，在中國發生文革，我覺得也不是什麼奇怪的事，也很正常。文革當中，像紅衛兵毒打老舍這位手無寸鐵的老人，他們眞能下得了狠手，就在於他們骨子裏這樣的暴力情結根深柢固。一旦有機會釋放出來，天使年紀的少女一個個都變成了魔鬼。我們想一想，那時的少女都十四五歲，是中學生，她們能對一個，不是一個了，還有蕭軍、端木蕻良、駱賓基等都是中國最大字號的作家，都是六十歲左右的年紀。十四五歲的女紅衛兵，能夠把人性退給獸性，去進行這樣一種摧殘和侮辱。我們都沒有從心理的、文化的、歷史的諸多層面去進行思考。

　　我想如果張阿濤接受我採訪的話，我會問她，你當年在打老舍的時候，你有沒有想過，你打的是一個什麼人？就是如果你面對你的父親六十歲的時候，你會下得了這樣的手

嗎？我不知道她會怎麼答覆我。就是說，到現在我們有些年輕人或者周圍有些人，是不是腦子裏還有這樣的情結？也許沒有給他提供合適的機會，他只不過把這種暴力的情結暫時地埋藏下來。如果給他這樣機會的話，他是不是還會像女紅衛兵那樣爆發出來呢？這個我也不敢肯定。就從研究心理學的角度來說，西方有一個大心理學家叫榮格，他對人的心理上的評判用一個概念叫「人格面具」。就是說，人有時候是帶著人格面具行事的，上帝呢，給了人兩副面具，一副是天使面具，一副是魔鬼面具。也可以換成另外一種說法，就是在人的身上，人性和獸性是並存的，只不過是我們所接受的教育，社會、道德、倫理、法律等等的約束，使我們把自身的那種獸性的東西退隱到最底線，但是沒有消滅。所以我覺得從人性的角度來講，我們不能夠否認身上可能有獸性的東西存在，一旦周圍的空氣、環境使這個人性的東西退少了，獸性的東西抬高了，就像文革這樣的環境，而且又是那些十四五歲的女紅衛兵，根本沒有明辨是非的能力，她們任這個獸性蔓延增長的話，去打老舍這樣的老人也是很正常的。

　　而且她們覺得自己很革命、很正義，雖然今天我們反過來覺得那完全是一種獸性的行為。我們館有一個同事，給我講一個當年的事。文革期間他的姐姐是紅衛兵，有一天穿著綠軍裝，扎著皮帶回家了，叉著腰對他父親說，咱們家火藥味一點不濃，把他父親嚇得夠嗆。就是說，這樣的事情，對我們今天可能沒有經歷過文革的，會當成笑話來聽。但在那時候是真的存在的，且不是很孤單的，而是全民族的、

全國家的。對於這樣的災難，我們今天難道不應該去做思考嗎？不管是政府的還是民間的，我們都應該有非常棒的文革歷史，寫成書、寫成論文，去探討它，去分析它才對。

那麼最後呢，今天舒乙先生沒來，我就背著他誇他兩句。我能夠有這個書出來，還是要感謝舒乙先生，他為我提供了許多實際的幫助和支持，他自己接受了我許多次的採訪，還安排他的母親胡老先生接受採訪，送我材料。更為可貴的是，他還為我提供了許多受訪人的名單，這裏面很多被訪者都是舒乙先生給我提供名單，提供地址，提供電話，有的甚至是他幫我聯繫。然後他就不過問此事。就是說，他從來不從家屬和領導的角度干涉我的採訪。這個我覺得做得是非常不容易的。因為你對一個事件的採訪，我們有些作為的家屬他干涉得很厲害。我覺得，舒乙先生更重要的一點是，他不是道貌岸然的學者，心胸狹窄得像針鼻。他還是很有真正學者那種很寬廣的胸懷，至少有一點，就是我覺得他很接近剛才我講的西方人那句話，他能夠容忍不喜歡的人說出他不喜歡聽的話。我覺得這個在我們現在具體的國情下，是相當不容易的。他之所以能夠這麼做，他知道，並清楚每個人都有訴說歷史的權利，就像余杰對余秋雨一樣，你沒有權利要求人家那樣做，他有權利選擇他懺悔還是不懺悔，你沒有權利逼迫人家懺悔還是不懺悔。雖然這個人訴說的歷史不一定全部是事實，但是他這個權利是有的，你不能抹殺他的權利。

最近浩然在接受我愛人的訪談時，做這個《老舍之死》，

我也影響到我愛人，她對這個題目也非常感興趣，她現在已跟我一起加入到這個行列當中來。前不久，她對浩然——老舍之死的當事人做了訪談。談到老舍之死，其中有些內容就是舒乙先生根本無法接受的，這個他已經作了辯駁。就是說，作爲浩然來說，他有訴說歷史的權利，舒乙先生沒有去干涉。那麼，舒乙先生他有自己去辯駁的權利。他在很合理合法地行使自己的辯駁權利。就是說，我們對歷史的這個態度，對歷史的認證，應該是本著這種眞正的、辨證唯物的歷史的態度來做。我很欣慰舒乙先生正是這麼做的。

　　浩然訪談當中提到的，舒乙先生不能接受的，從感情上來說是完全理解的。爲什麼？我在書中，訪舒乙先生之後，曾經寫過一段話，我也念給大家聽聽，裏面的內容爲什麼舒乙先生接受不了呢？那麼我就用這段話來解釋，「舒乙怎麼能忘得了一九六六年八月的那個細雨濛濛的慘夜，父親的屍體從太平湖被打撈上來，頭挨著青草和小土路仰面而躺，兩天前，在文聯和成賢街的孔廟，遭受過紅衛兵毒打的老舍，離開自己的家，出門前同小孫女——舒乙的女兒說，『跟爺爺說再見』。之後便在這裏，雜草、蘆葦叢生的太平湖『舍予』了。舒乙不敢相信，這怎麼能是懂得幽默、熱愛生活的父親，怎麼能是用巨大熱情爲人民創作的『人民藝術家』，怎麼能是那個拋妻捨子，抗敵救國的硬骨頭文人。是他！躺在一領破黃草席之上的是父親，沒有穿外衣制服，腳上是一雙千層底的布鞋，沒有什麼泥土；肚子裏沒有水，晒了一天，衣服鞋襪早已風乾；沒戴眼鏡，眼睛浮腫，頭上，脖

子上，胸口及手臂上有大片青紫色的淤血和大塊已乾涸的血斑，這是那些瘋狂的野獸們留下的。

「太平湖死一樣沉寂，周圍漆黑一團，星星和月亮都躲藏起來，怕打擾了這一死一活的父子倆人。舒乙呆坐在椅子上，凝望著心愛的父親。細雨無聲化作淚，老天在陪著他哭，他擦不去滿臉的淚水，滿身的雨淚。就讓這絲絲情雨，滴滴情淚，去滋潤父親被夜風吹得寒冷的軀體，去慰藉他在天國永遠不死的靈魂。他願意與父親一同被風雨蝕刻成雕像，沉默著吶喊胸中的怨憤和悲愴。死亡僅是肉體的幻滅，卻預示著靈魂的更生。」

從舒乙對父親感情這方面的態度來說，浩然先生裏面的一些對家人的說法，他根本是無法接受的。浩然作爲市文聯革委會主要管事的副主任，他對這一事件的說法是很重要的。他提到草明，等於是指證，可以說又多了一個非常重要的證人。在草明跳出來揭發老舍的事上，已經是不容懷疑的，可以說是沒有任何疑點的。那麼草明在後來接受我採訪的時候呢，這也涉及到她的權利的問題，她有權利懺悔，也有權利不懺悔。但是這個權利的行使是不是能夠被這個採訪人——我，是不是能夠在《訪談錄》登出來之後，被同仁，被朋友，被作家、學者所接受，是另外一回事。比如像草明，我感覺她這個懺悔意識不是很到家的。她在說到老舍被打這件事，在說到她當時揭發老舍這件事，首先沒有迴避、否認這個事實。她說她當時確實說了那樣的話，站出來揭發老舍，拿了美金，拿了美國人的版稅。接著她又爲自己開

脫，她說這件事之後，老舍被打了，老舍死了！

我覺得這個開脫，說得大一點，就有點可恥了。不管你揭發的是不是老舍，即便是一個無名的小輩，即便是一個小人物，你站出來揭發的這種方式，你今天還是應該以一種非常反思的，非常審慎的態度來對待。草明沒有，我覺得很遺憾。就是從舒乙先生寫文章的角度來說，他們是老舍先生的家屬，似乎是能夠體諒、原諒草明的。比如說草明當時在那個具體的情況下，她出於自保也好，她出於踩著別人臂膀向上爬也好，在當時的特定歷史環境下，老舍的家屬今天並沒有追究她當時的那種做法，只希望她今天有一個懺悔的心情，道歉的態度。但是沒有。

歷史學家湯恩比說過，歷史是勝利者的宣傳。反觀我們的歷史，到底有多少是勝利者的宣傳，有多少是真正的史實。有時還真很難辨別。我通過這個事也感覺到這一點，就是有些事情是歷史的勝利者來講述歷史，這個歷史當中有多少史實是被掩蓋的，甚至被篡改的，或者被歷史的轉述者重複轉述的。這個都很難說。我們就是要以一種真正的分析歷史的態度，能夠用自己獨立的思維和判斷，能夠盡量的梳理出什麼樣屬於勝利者的宣傳，什麼樣屬於真正的史實。我覺得這個是非常重要的。陳寅恪總是提倡「獨立之精神，自由之思想」，我覺得這個提法不管是今天還是以後，對一個文化人，對一個作家，對一個學者，對於知識者，對於我們生活中隨便的一個人，我覺得都非常重要。任何時候我們都要保持獨立的精神，不去做附庸，要有自己的獨立思維和判斷。

　　另外還有一點很重要，就是思想的自由，就是我們要有自由思想的習慣。我們也可能面臨周邊一些不適合的空氣和意識形態的環境，自由思想的空氣也可能變小了，變窄了，面臨著壓力了，但是你自由思想的權利不能喪失。現在有的學者提倡一個底線，比如我們今天又面臨著文革那樣的災難，怎麼辦？我們是不是又要跳出來互相揭發呢？我覺得我們再這樣做的話，我們就一點歷史教訓都沒有汲取。也就是說，為什麼我喜歡那些老人們在晚年寫的那些作品，比如巴金、冰心、蕭乾，他們晚年寫了許多作品提倡說真話，提倡反思文革，提倡反思歷史，為什麼？就是擔心再發生文革那樣的歷史悲劇。如果我們今天對文革，對老舍這樣的事件沒有足夠清醒認識的話，我覺得文革悲劇不是沒有可能再發生，只不過方式上可能會有所改變。就是說可能沒有紅衛兵掄著皮帶去打你了，但可能有人用一種讓你更無法接受的非暴力的方式對你的思想進行摧殘，對你的人格進行侮辱，這樣的事情我覺得不是沒有可能發生。如果我們不汲取歷史教訓的話，可能會重蹈覆轍。

　　那麼最後請允許我以我這本書中寫的一篇序言，題目叫《太平湖的記憶——老舍之死採訪實錄》裏面的一段話來結束今天的演講。

　　「蘆葦叢生，充滿野趣的太平湖填平了，舊址上建成了北京地鐵總站。」這個我們知道，就是老舍先生自殺的太平湖，那個遺址現在已經填平了，是西直門地鐵總站，整個把那一片全占了。說到這兒我又不能不提，我不知道大家有沒

有看過文學館的展覽，我們二樓老舍展板底下有一塊很小的碑，寫著老舍遇難的地方，刻這個碑的是一個普通的老百姓，他在聽說老舍投湖之後，滿懷悲憤，刻下了這塊紀念的碑，刻得非常小。但在當時他敢於刻這個碑，那要冒著非常大的生命的風險。如果他刻這個碑，把這個碑放在舊址上，讓紅衛兵看到的話，可能當場就被紅衛兵打死。他刻的這塊碑，在老舍第二年祭日的時候放到了太平湖的舊址。這個碑一直沒有被發現，在北京修地鐵站的時候，被推土機掩埋在地底下。到今天這塊碑還埋在那塊土地之下，在什麼位置也不知道，那個碑跟老舍一起沉沒在太平湖了。由這個碑我又想到了一個，就是到現在，據我所知，我們還沒在老舍投太平湖的舊址上，由我們的政府，由我們的官方，正式地建一塊碑。這不是也應該嗎？就是讓我們記住老舍投湖的地方，記住老舍投湖，老舍自殺的事。這個碑本身不是一件小事，它不僅僅是為了一個自殺的文人樹一塊碑，我覺得它代表一種態度，代表你對歷史是一種什麼態度，代表你對這個事件是種什麼思考，代表今天我們有沒有勇氣去反思自己，去懺悔。我們有懺悔的心情，懺悔的權利，我們應該非常好地把它運用好。

「一代文豪老舍先生悲劇人生終點的地方，成了城市交通命脈地鐵的始發站。如果『老舍之死』，能在某種意義上真正變成人們美好生活的起點，太平湖倒也可以安息。但每個人的心中保留哪怕一小塊太平湖的蘆葦，並不是有害的。老舍和太平湖已是一個不可分割的整體，成為歷史的永恒記

憶。每天乘地鐵的人們，恐怕沒誰想過，地鐵是由老舍殉難的地方首發的，到了蘋果園當然就是終點了。這樣單調的、周而復始的輪迴，難道還會有什麼特殊的含義嗎？而悲劇往往就是在麻木茫然的輪迴中發生的，這樣的教訓還不慘痛嗎？人們按照規定好的路線去擠一趟車，出了事故就是整體的悲劇。」

　　我就用這個來象徵我們文革的發生實際就是這樣，就是由這個強權把你整齊劃一地推到一輛車上去，這輛車又沿著一個你不知道是不是出災難的軌道上在走。它一旦出軌，就像文革一樣，全民族的一個災難，出了事故就是整體的悲劇。「因為車一旦開起來就會到站才停，而文革這趟車到站也橫衝過去，直到出了軌，車毀人亡，釀成了民族的大悲劇。車上人死的很多，有的連名姓都沒有留下，老舍幾乎是眾多文化死難者當中最特殊的一個，人們記住了他。可是據說直到今日，在太平湖的舊址連老舍殉難的碑誌都沒有。我們切不可把自己心靈裏的太平湖填平，切不可忘記老舍之死，至少乘坐地鐵的時候，腦子裏不要一片空白。」

　　我的意思就是說，至少我是這樣，現在養成了一個習慣，也可能是採訪老舍之死這個情結使我落下的後遺症。我坐地鐵的時候，都要想這個地鐵是老舍遇難的地方首發的。那麼我以我這樣一份心情，我希望能有更多的人們，不一定像我一樣，至少你在坐地鐵的時候腦子裏不要一片空白。你不一定是在想老舍之死這個事，就是說你腦子裏思想的這個空間，你應該是活動的，應該是活躍的，不能是慘白的，蒼

茫的，甚至是死亡的。那樣的結果，你就是只能做奴隸，不是主人，謝謝大家！

答：這個雖然跟老舍之死不太有直接的關聯，但我也願意盡我的可能回答你的問題。錢鍾書這個事，因爲我沒有從太多的、直接的材料來看，可以說沒有太直接的發言權。但是我自己的感覺，錢鍾書是一個非常聰明的人，就是他的聰明超乎常人的想像，他有超凡的記憶力。首先，跟他同輩的人，包括到現在的後輩人，沒有一個人超過他，他的記憶力可以說是跟複印機似的，照相機似的，他能夠達到過目不忘的程度。他讀書的習慣，他的同輩人回憶，你比如說在等汽車的時候，他不是說隨意翻一本口袋書去看，他經常是抱著一本字典在看，很厚的字典。他曾經有一部《牛津英文字典》，他懂好多國家的文字，他在那個英文字典上作了很多的修改，改了許多的詞條，改了很多解釋的意思。在他晚年的時候英國大英博物館曾經提出想花大價錢，把他的詞典買走，他不賣。我覺得這倒不是說這種表現有多少民族氣節，我們總習慣於把一些事跟什麼國家榮譽聯繫起來，我是很反對這種做法的。包括前一段探討諾貝爾文學獎，中國作家爲什麼現在還沒有，從一九〇〇年到現在一百年了，我們還沒有一個諾貝爾文學獎。就是我們有些媒體的炒作，好像是把爭取諾貝爾獎看作是一件爲中華民族爭光的事。我覺得這是兩碼事，文學和政治榮譽和國家榮譽是兩碼事，這也是文學最根本的一個意義。就是說創作者，他不是爲政治榮譽去寫作，不是爲個人的權利和升遷來寫作，他是爲他自己的心靈

來寫作。我們總喜歡講爲社會主義服務，爲大眾服務，爲工農兵服務，這個我不反對，這也可以說是文學的功能之一吧。但你不能把它定性爲文學的全部功能，你不能讓我們的文學全部按照社會主義、現實主義的路走，那麼就沒有文學的眞正繁榮了。

我想錢鍾書他的聰明還體現在什麼呢？就是說，你像他寫的這個《圍城》，我們也可以看到，他是一個對這個世事動蕩呀，很老道，對世態炎涼、人情世故他有非常清醒的認識。他對政治，你說他好像是畏懼也好，我的理解，畏懼如果說有，他可能有一點，但這一點畏懼是來自什麼地方呢？他對政治看透了，他才畏懼。他爲什麼畏懼就是因爲他看透了。他覺得政治如果往不好的方向發展的話，會很可怕，會發展到很無恥的、很荒唐的、很魔鬼的境地。那麼到文革果眞是這樣，而且錢鍾書自己也是在文革的煉獄當中經歷過來的。文革後你看這麼多的文化老人，像巴金、冰心他們都在寫反思的文章。我想如果老舍先生能夠度過文革這一難關，活到文革以後的話，他也會去寫大量的反思文革的文章。因爲從他本人的性格，他有很入世的態度，有很深入生活的這種態度。錢鍾書不是，我覺得他還是有一種很超然的境界在裏邊，他把這些看透了，文革結束以後，錢鍾書也沒有寫反思文革的文章。按理說他這麼一個大的學者，大家都希望能聽到他對文革的分析，希望讀到他自己講述他在文革當中的歷史。但我沒有看到，好像我們大家也沒有看到，這是第一。

那麼第二呢，就是從一九五〇年開始，其實還不是從

一九五〇年開始，就是說我們共產黨對知識分子的一種整肅吧，從一九四二年「搶救運動」就早已開始了。就是說，我們有一種什麼習慣呢？可能對農民兄弟有點不敬，但我現在有這樣的感覺，就是我們有一些農民出身的，或者是文化不深的人，具有農民素養，農民情結的人，仇視知識，仇視文化。到今天我覺得這樣的情況也還是存在的，就是如果今天我們沒有一個非常好的政治體制，如果沒有對文革歷史有一個非常清醒的清算或審判的話，那麼有一天歷史的空間和環境，給了這樣的人足夠的行使他獸性的權利的話，這些人還會繼續摧殘文化，會屠殺文化人。我不希望這樣的悲劇重演，我想我們也沒有人願意再看到這一幕。

我感覺到，有的情況下，不光在我們文學界，文革還在以另一種形式繼續著。我剛才也提到它不再拿皮帶、棍棒打你，它可能會把語言變成一把利劍，可能變得更隱蔽，可能是以一種比如說是意識形態的殺手，置你於死地，叫你防範起來比文革期間疾風暴雨式的還難。所以，不管是文人也好，還是一個我們生活當中的平民百姓也好，反正這個，這又說起另一個大問題了，就是說，要是有了這樣的、非常的不好的事件發生的環境，你要先想什麼？你要先想自己個人的生存？而個人的生存在面臨著巨大威脅的時候，威脅到你的生命，威脅到你的家人了，你怎麼辦？這依然是文革當中我們那些人面臨的問題。你比如說，又有這種強暴的權勢逼著你表態，你怎麼辦？那麼這個時候，你是像老舍先生以這種死的方式去抗議呢？還是說你又像巴金那樣先委曲求全，

在不好的鑒定上簽了字，先殘留下自己的一條小命，等將來平反以後，自己又作為一個歷史的陳述者、回憶者，這很難。這就是說，因為我們有一個固定的思維模式，到現在這種模式還在延續，我感覺，就是那種非此即彼的模式。當年抗戰的時候，你不是抗戰，就是投敵，選擇第三條路，沒有的，就不允許你有，其實是有的。比如當年魯迅跟施蟄存的爭論，施蟄存他是一個自由的學者，他想「騎牆」，想走中間路線，想做一個自由的文化人。就是說，國家的命運他記掛在心上，但那些是政客們的事，是治國者的事，跟自己離得很遠。他就願意有一個獨立的空間，有一個自由的環境，去發展自己的學術，去寫自己的小說。在魯迅看來，當時也是受到蘇聯共產國際的影響，就是說你不是革命，就是反革命，沒有中間路線。我們到文革也是這樣，你或者是革命，或者是反革命，沒有中間路線，沒有第三條路。而且這個東西，還有一個什麼呢？就是我們總喜歡領導者直接參與。你比如說對魯迅也好，對俞平伯的批判也好，在沒有毛澤東發話之前，它基本上保持在一個比較純學術的狀態，一旦有最高統治者直接發話，一下就變向了，一下就走調了。今天這樣的情況，我們只能寄希望於什麼呢？中國人似乎願寄希望於明君，我昨天跟同事開玩笑還說，從我們中國人身上體現出來奴性的東西很多，為什麼魯迅先生寫的阿Q到現在還有非常強烈的時代意義呢？從這一點來說，我倒希望中國有一個殘暴的明君來統治，就是說，發現一個貪官殺一個，而且他的決策非常英明，一點錯誤都不犯，那麼這個國家發展就

好。

答：我沒有否認巴金人格的偉大，比如說，在批胡風的時候，巴金表態，表了什麼樣的態，其實在他的《隨想錄》中已經有很好的陳述和懺悔、反思。這個不用我去說，我所說的就是巴金先生，他之所以沉默地活了下來，有他性格的原因，也有歷史的原因造成。紅衛兵對他的那種肉體上的、精神上的摧殘，可能有一個程度，不像老舍這樣。如果也把巴金拉到一個什麼地方，接受老舍這樣從心靈到肉體這種摧殘的話，我想可能也很難活下來。因為文革自殺的人很多，有好多人都自殺過，但被救過來。端木蕻良他跟我說，他也自殺過。蕭乾他也自殺過，蕭乾自殺之前的那個事件比這個老舍事件差遠了，他僅僅是在院裏面被紅衛兵逼著跪在地上，開了一個鬥爭會。回家他就受不了了，吃安眠藥自殺了。是第二天，隆福醫院的大夫把他給搶救過來了，那麼何況老舍先生面臨這麼大的慘劇。

答：就算黑幫分子，現行反革命，這個就是「欲加之罪，何患無辭」。那時候倒還沒有什麼提人性論，比如，拿出老舍的《貓城記》。他有一篇《貓城記》，非常棒的小說，抓住這個小說，說他攻擊進步思想，這也是一個了不得的罪狀等等。就是從老舍的這個作品當中，去抓辮子，打棍子。這是文革慣用伎倆。你比如說今天，依然以這個文革之風，對某一個可能，比如就說我今天這個演講，如果整理成文字在報上發表了，突然犯忌了，那麼會有好多人來批判。怎麼樣來批判呢？漏洞太多了，隨便就可以置我於死地。我覺得

我自己也還是一個比較有血性的人，要真有這一場的話，那我就去找老舍先生。

就是說，他即便是自殺，在他要死的一刹那，我覺得他會有一個生理的本能，他會反抗。我自己溺過水，我在要死亡的頭幾秒鐘，被人救起來。我在那個時候就不想死啊，留戀這個世界。看到岸邊上，看熱鬧的人群在看我，我就希望有一個人趕緊伸出救援之手。我真是看到有一個人向我游來的時候，我就在用著自己的最後一份力氣等著他的到來。最後他把我救上來，上岸以後已經意識全無了。等慢慢清醒過來之後，救我的這個人已經找不到了。到現在我還在找他，當時有人跟我說救我的人外號叫「猴子」。我到現在都在找「猴子」，等於是「猴子」給了我第二條生命。我覺得，就是說我體驗過這樣的死亡，所以我現在有一種什麼樣的心態呢？我今天所有的一切，都是我那次死亡之後賺回來的，所以我沒有什麼可怕的，沒有什麼在乎的，我不想當官，也不想賺錢。我就想有一個自由的空間，有時間做我自己喜歡做的事，能夠寫作，能夠思想，能夠研究老舍就可以了。所以我經歷過死亡之後，就越來越珍惜時間，也就越來越珍惜生命，就是不能夠浪費生命，一定要用特別有限的時間和生命做有價值的事。通過這個之後，也就說剛才那個細節，就是說如果老舍先生攥拳頭也好，伸手也好，他在水裏面臨死亡的時候，即便他是自殺，即便他是非常果敢、非常堅決的要死，他在死的那一瞬間，肯定他會有掙扎，只不過那個掙扎是無效的，一瞬就過去了。我當時就感覺，如果那個人不

來，我已經堅持不了，很快就死了。

　　答：我覺得這還涉及到一個歷史悖論的問題，你比如說這些，撇開那種狹隘的民族主義和國家主義，就來談這位先生剛才說的西班牙語、葡萄牙語還有中國的殖民地來說，就是說這個歷史悖論奇怪、莫名奇妙、有意思在哪裏呢？經過殖民統治的地方，我們今天來看，還眞恰恰是工業發展、文明程度比較高的原因，這個悖論非常有意思。你比如說蕭乾，當年當二戰記者回國的時候，他也到過台灣，也到過海南島，也到過被法國統治過的越南。他寫了很多的特寫，他當時的結論，雖然是對國民黨獨裁政府而發的，但是他所寫的事件的本身說明什麼呢？就是說，法國殖民者統治下的越南，就比越南獨立後文明、法制、自由要好要高。。你比如日本侵略咱們，咱們當然要把他打出去，你當然不能做一個日本統治下的順民，來接受日本殖民者的改造，去享受高質量的文明，這是不可能的。但是反過來，就是我們自己爲什麼沒有能力趕上殖民者，我覺得問題的關鍵在這兒。比如說，二戰結束以後，日本人比我們還窮，包括到了一九六六年「文革」發生的時候，日本的國民生產總值僅僅是中國的三倍。然後「文革」一結束，日本人就已經是我們的三十倍。爲什麼會這樣？爲什麼日本在戰後，能很快的恢復過來？當然跟美國扶持有關係，跟發生朝鮮戰爭有關係。但是日本人的那種，咱撇開那種日本軍國主義，單就日本那種國民性格，那種團體精神，那種奉獻精神是我們所缺少的。我們把太多的精力花在內耗上，你比如說日本人的公司，他把

這個公司視爲是跟自己個體利益聯繫非常緊密的。你看我們現在，爲什麼有一些民營公司，爲什麼外企，效益就很好，也在這兒。就是你幹得好，公司效益好，你的效益就好。爲什麼現在，你看，我們那天館長也還在講，現在朱鎔基總理也下決心了，我們國家的體制慢慢地也要向這邊來轉，你不行就下台，你不行就淘汰，一定不能讓你占著茅坑不拉屎，不幹人事。就這樣的事情，我們以前已經太多了，機構臃腫。所以只有這樣，我們才能趕上過去的殖民主義者。現在他們的生產力水平，文明程度，比我們強多了。單說尊老愛幼，我們是一個有文明傳統的國家，我們尊老愛幼，尊重婦女、尊重兒童。可我每次在復興門地鐵站換乘地鐵的時候，看著那些人在地鐵站，像見著一塊臭肉的蒼蠅一樣整個撲滿了車窗，不知道尊重老人，不知道讓位給抱小孩的婦女和兒童，我覺得這個民族是沒有希望的。這樣下去很危險。我又想到一個問題，你比如說，北洋海軍成立的時候，李鴻章從西方買了兩艘最棒的鐵甲艦，訪問日本的時候，日本人都很害怕，怕跟中國海軍打仗，因爲那兩艘鐵甲艦在當時是世界上最先進的。訪問日本，但日本人看到北洋水兵把褲衩晾在主炮管上，斷定這樣的海軍是輕易可以被打敗的。那麼有時我在街頭就看到，有些圍樹的鐵箅子，鐵箅子下面全是煙頭、紙屑、痰跡，你說這樣的民族能是有希望的嗎？

再比如說有些外企職工可以在很好的白領環境下，去享受很好的禮儀，但出門他就吐痰，出門他就罵人，這些怎麼辦？在新加坡他可以把痰咽到肚子裏，到了北京他就吐到地

上。所以我覺得魯迅先生有一句話也是把中國的國民性分析得很透的，他說中國人做什麼事喜歡掛招牌，以爲掛了招牌這個事就做成功了。比如說，我們總喜歡去掛一個條幅，什麼「文明禮貌宣傳周」、「交通宣傳月」，就好像那個交通宣傳和文明禮貌一掛條幅就解決了。其實你仔細回想，我們從多少年前就開始掛這種條幅，但是我們的文明狀態和禮儀狀態比前幾年怎麼樣呢？又倒退了。

答：如果說沒有文革，我們能比日本差那麼遠嗎？能大量進口三菱電器嗎？整個中央電視台全都是用索尼武裝起來的，我們爲什麼沒有國貨呢？所有電視台的記者，甚至我們今天文學館使用的高級照相機全部是日本的，我們自己沒有能力嗎？另外比如說剛才那位先生提到的羅瑞卿，反正就文革這件事來說，我非常同情他，他從樓上跳下來，摔斷了腿，被紅衛兵拎著個柳條箱去遊街，去遊行，我非常同情他。但是，一想到他一九五七年，徹頭徹尾地去批判彭德懷、批判黃克誠，我又覺得他不值得同情。這個就是我講的關鍵問題在哪兒？就是中國人應該清醒地認識到，這個循環往復的歷史悲劇之所以會重演的原因，你應該想一想。你比如一九五七年的批鬥者，如果他想到，他今天去批他，過幾十年，甚至二年，甚至明天，他有可能就是階下囚，有可能比這個人還慘，那他也許就不去批了。如果大家都有這樣的認識，都能夠以歷史的角度，然後有法治的話，那悲劇也不會發生。再比如說毛澤東，他能夠發動文革，就是因爲有可以發動文革的空氣，有這個環境。如果那個時候沒有樹立毛

澤東這種個人權威、個人崇拜,而是中央委員會真是集體討論、民主決策的話,比如說毛澤東有些什麼決策上的錯誤的話,周恩來、彭德懷、朱德紛紛起來跟毛澤東分庭抗禮、論爭,也不會有後來的悲劇啊。

對歷史這個評判,前一段時間我看過一本書,我也在想這個問題。比如說林則徐,最近有一本書,我建議大家有興趣的話,可以買來看一看,這是上海復旦大學歷史系潘旭瀾教授寫的,叫《太平雜說》。它是針對現在電視裏上演的《太平天國》以雜說的形式來解說歷史。太平天國這個電視劇,有很多它是把真實的歷史淹沒在裏邊的,而這個雜說,往往是揭開了許多真正的歷史人物。比如說林則徐,包括我原來在學歷史的時候,教科書都在寫,林則徐最後有一個污點,這個污點是什麼呢?是去鎮壓太平天國。我們可以從歷史的視角來探討歷史,不必要賦予洪秀全是不是革命的,林則徐是不是倒退的。這沒有意思,本身也不是很歷史的態度。我覺得在這上面,我們應該已經有非常理性的歷史的態度。

另外還有一點,我反正也老強調這一點,我們任何時候都不要用可憐的忠孝去代替理智的誠實。以前,我們可憐的忠孝太多了。

答:我問過浩然,上上個星期,我還去過三河,當面問浩然。我問,你當時揭發是侯文正調來的紅衛兵,你是親耳聽到的,還是聽別人說的。這個很關鍵,如果他是聽別人講的,他這個證詞的可信度,就要打折扣。就像楊沫的日記,

她是後來寫的，是已經聽了許多人的複述，她把許多人的複述和自己的親歷加在一起，那你就很難分辨哪個是她的親歷，哪個是別人轉述的。所以，我覺得這個事之所以很複雜，之所以很有意思，也就在這兒。

歷史·圈套·真實的神跡*

—— 老舍之死㈡

　　雨下這麼大，還來了這麼多人，我很感動。橫幅已經掛出來，今天由我演講「老舍之死」，是為紀念老舍先生逝世三十五周年。剛才在路上，我坐在車裏還想，這雨下得真好，分明是老天在落淚。巧的是，我記得去年二月四日舒乙先生演講《老舍的內心世界》那天，下大雪，卻也來了非常多的人。可見是天地動容啊！

　　我曾寫過篇《老舍之死與舒乙的人生選擇》的文章，收在我的上一本書《老舍之死採訪實錄》裏，這回依然收在我手裏拿的這本新書《太平湖的記憶——老舍之死》裏作附錄。我想以裏邊的一段話作為今天的開場白。我在記敘一九六六年八月那一天的時候這樣寫到：

　　「舒乙怎麼忘得了一九六六年八月那個細雨濛濛的慘夜。父親的屍體被從太平湖打撈上來，頭挨著青草和小土路仰天而躺。兩天前，在文聯和成賢街的孔廟遭受過紅衛兵毒打的老舍離開自己的家，出門前，同小孫女——舒乙的女兒拉著手說：『跟爺爺說再見。』之後便在這裏，雜草、蘆葦叢生

_____

*此篇為作者二〇〇一年八月十五日在中國現代文學館的演講。

的太平湖『舍予』了。舒乙不敢相信，這怎麼能是懂得幽默，熱愛生活的父親，怎麼能是以巨大熱情爲人民創作的『人民藝術家』，怎麼能是那個抛妻捨子，抗敵救國的硬骨頭文人。

　　「是他！躺在一領破黃草蓆之上的是父親，沒有穿外衣制服，腳上是一雙千層底的布鞋，沒有什麼泥土；肚子裏沒有水，曬了一天，衣服鞋襪早已風乾；沒戴眼鏡，眼睛浮腫；頭上、脖子上、胸口及手臂上有大片的青紫色淤血和大塊已乾涸的血斑，這是那些瘋狂的野獸們留下的。

　　「太平湖死一樣沉寂，周圍漆黑一團，星星和月亮都躲藏起來，怕打擾了這一死一活的父子二人。舒乙呆坐在椅子上，凝望著心愛的父親。細雨無聲化作淚，老天在陪著他哭。他揮不去滿臉的淚雨，滿身的雨淚，就讓這絲絲情雨，滴滴情淚，去滋潤父親被夜風吹得寒冷的軀體，去慰藉他在天國永遠不死的靈魂。他願與父親一同被風雨蝕刻成雕像，沉默著吶喊胸中的怨憤和悲愴。死亡僅是肉體的幻滅，卻預見著靈魂的更生。」

　　這是一九六六年八月那一個慘淡的夜晚，至今已經三十五年過去了，今天我們在這裏反思歷史，回首往事，來紀念偉大作家老舍先生。去年的八月十五日，非常巧，今天是八月十九日，相隔基本上整整一年。去年的八月十五日，我在這裏作了一個題爲「太平湖的記憶──老舍之死」的演講，今天有在座的朋友聽過。上次我主要講我研究老舍之死的第一個成果，就是中國廣播電視出版社一九九九年十二月出版的《老舍之死採訪實錄》。我還記得那天我說，我會就這個

題目繼續往下做，因為我有非常濃厚的興趣，而且這個事情本身的意義早已經超出了一個文人的非正常死亡。它不是簡簡單單的一個人自殺的事件，它本身所包含的豐厚的歷史文化內涵是值得我們深刻反思的。

　　今天在這裏，我可以欣慰地告訴大家，我要講我的第二個成果，就是眼前的這本書，書名和去年的講題一樣，叫《太平湖的記憶——老舍之死》。開始的時候本來是想取一個特別有衝擊力的書名叫《紅色風暴下的老舍》，因為老舍先生是在「文革」這麼一場慘無人道、喪失理性的運動之下被迫害至死的。「文革」中我們喜歡用紅色，是一場紅色風暴。這書名固然有衝擊力，但可能會有人不喜歡，最後還是用平和一些的名字，叫《太平湖的記憶——老舍之死》，是深圳海天出版社七月份剛出的。今天下午，我們正好要在這裏開這本書的座談會，由文學館和海天出版社共同主辦。

　　我今天的講題改了，叫「歷史·圈套·真實的神跡——老舍之死」。為什麼叫這個題目，我等會兒再講。我首先講一講這兩本書有什麼不同。現在作家出書很快，一本一本的，一年好像出了五本，但是五本之間彼此重複得非常多，讀者覺得掏腰包很冤枉。比如余秋雨的書，有的時候也許並不是他自己心甘情願的，《文化苦旅》、《文明的碎片》等等，裏面有交叉重複現象，而且有的作家出的書重複在一半以上。我覺得對讀者來說有欠公允。

　　我這本書，沒有這樣的成分在裏面。下面我來講一下這兩本書的不同，第一個不同是第一本書主要是分了「親歷·

見聞」和「思考‧反省」兩部分，另外一部分就是「老舍筆下的水和死」。「親歷‧見聞」部分，今天看來，因爲在經歷了又一年多的補充採訪之後，顯得非常單薄。我在去年講的時候也提到了，就是裏邊留下了比較多的歷史的遺憾和疑點。在出版這本書以後，我和我愛人一起做了一年多的補充採訪，對上一本書我覺得留下的疑點，進行了補充的追蹤採訪。可以說，這本書的新內容比上一本能占到四分之三強，是在第一本書的大量補充採訪之後，重新按照我們的設計來出版。凡是去年我講到的存有疑點的內容，這裏面都做了一些補充。當然不是說，因爲有了新的內容，這個疑點就消失了。不是，絕對不是。反而讓我們感到了更多的尷尬。

第二個不同點，就是作者由原來的我一個人，變成了兩個人。我的愛人同志鄭實也加入了進來。我們倆的姓氏非常有意思，她姓鄭，我姓傅，一鄭一傅。上一本書的許多採訪錄音是她幫助我整理的，這次她就直接參與了，而且書中有幾個十分重要的採訪是她自己一個人獨立完成的。她做過五年的報社記者，對採訪也是行家高手。我開玩笑說，是爲了讓她自己在鬥爭中鍛煉成長，像去河北三河採訪浩然；去山西太原採訪侯文正；採訪柯興；還有跟著民警一起打撈老舍屍體的太平湖漁業管理隊的漁民韓文元，都是她自己獨立採訪的。其他像採訪蕭軍先生的女兒蕭耘，還有北京市文聯的主要見證人和目擊者馬聯玉、宋海波、何長生、譚淑玉夫婦、金業勤、張啓潤、馬希桂、李甡、盛占利，以及當時打撈老舍屍體的北太平莊派出所的管片兒民警郝希如，還有帶

領紅衛兵衝擊市文聯的女八中紅衛兵頭頭兒。書裏邊我們隱去了她的眞實姓名，也是尊其名諱，她不希望把她的名字暴露出來。這些都是我們一起採訪的，也算是我們事業上的一個交叉點吧。我們在採訪蕭耘的時候，蕭耘一開始就說，你們做這樣的事，不是爲老舍本人，而是爲歷史留痕。所以我們一直就非常感謝受訪者對我們的理解和對我們所做的這種工作的價值的認可。

第三個不同，我覺得在本書中非常有特點的一個地方，就是我們在每一篇的採訪前面，都加了按語。這按語是爲了交代採訪的初衷、尋訪的經過，以及當時採訪的心情和最後留下的一些謎團，我覺得非常有意思。我不知道大家是不是喜歡，在按語當中所交代的也有一些我們感到很複雜的地方，很難以說清楚的，所以就希望讀者和研究者能夠與我們一起來分析這個事件。

我舉三個例子。第一個就是我們在訪女紅衛兵的時候，前邊加了這樣一個按語：當鄭實按圖索驥，叩響這扇淹沒在京城無數樓群中的陌生的門時，她還不知道如何介紹自己，因爲門後那個主人完全是陌生的面孔，該怎麼樣講呢？無論你怎麼樣講，都會把「她」推回到歷史的光年當中去，而且這個人先前跟她沒有半點血緣和親情的關係。她只知道早已不陌生的名字，但並不能肯定這個「她」就是我們尋找了多年的人，雖然頭兩次撲了空，但期待中的興奮感和對這件事本身的執著讓她又迫不及待地進行了第三次踏訪。在這個過程當中我有時候很懶，把打前站的工作就交給鄭同志去做

了，我在家裏邊守株待兔，有時候等她聯繫好了之後，我們倆再一同出發。

　　訪當年帶隊衝擊文聯的紅衛兵的頭兒，頭兩次就是鄭實按著朋友費盡心機找到的線索，找到她的地址，就在京城密布的樓群當中，去敲一扇陌生的門。當厚重的防盜門後有了聲響，她竟高興地呼喚著她的名字，「你是×××嗎？是不是在北京上過中學？」為了打消「她」的顧慮，她連忙說，「只有我一個人，能否讓我進屋去談一談？」鄭同志懷著一種好像是見到了非常重要的證人的快樂，臉上就已經顯露出來了，可是那個人的心裏面肯定是一種莫名的苦楚，「她」不願意過了這麼多年依然有人去掀開「她」帶血的傷疤。

　　對方懷著很大的戒心開了門，卻並不像對待客人一樣往房間裏讓，鄭實問「她」：「一九六六年是不是去過北京文聯？」「她」輕微點了點頭，什麼表示也沒有，只等繼續往下說。鄭實說：「我們在做老舍之死的研究，如果您當時在那兒，應該是那個事件的當事人，我只是想了解一點情況。」「她」很有警惕性，問鄭實，「你是哪兒的？」這時直覺告訴她，這個「她」就是那天帶著紅衛兵衝擊北京市文聯的頭兒，而老舍恰恰是在這場劫難之後投湖自殺的。

　　鄭實當時都沒敢去直視「她」的眼睛，事後還想出很多理由來替自己解釋，為什麼當時「迴避」她的目光，回家以後她跟我說，她當時極力避免使用「老舍之死」這個詞，因為這個詞對於這個人來說，是很激烈的，一旦刺激對方，回絕了，這場採訪就泡湯了。其實她當時還是滿懷著非常濃重

的一種同情。

　　大家可以想，眼前這個五十多歲的中年婦女當年是十七歲，事情過去那麼多年了，無論「她」內心是否平靜，是否時常想起當時的場景，是否願意回憶並講述，一個不速之客還是站在了面前，在「她」眼前這個詢問者無論是一個顯得非常友好的年輕人，還是一個令人討厭的傢伙，無論在此之前「她」正忙碌著什麼，「她」都無奈地被推回到了三十多年前。「她」完全可以拒絕，因爲這不是審判，沒有任何強制力逼迫「她」悔過或承認什麼，但「她」即便是拒絕回答問題，也會感到自己在人格和道義上似乎低人一等，而這種拒絕絕不像對方詢問時那樣坦然，永遠不會。

　　「她」在要了名片以後，非常和藹地說，「天這麼冷，你還跑來，打個電話就行了。」也許是順嘴說出的客套話，卻一下把兩個人心理上的距離拉近了。

　　鄭實出生於七〇年代，對「文革」沒有直接的記憶，一點都沒有，但是父母、兄長這些實實在在生活在身邊的人，心中對「文革」的記憶卻無疑是實實在在，抹殺不掉的。就像我們今天在座的許多上了年紀的朋友，對「文革」的記憶無論我們怎麼樣去掩飾它，你們的心裏邊對「文革」這場劫難的印象我想是深刻的，並且希望後代能夠記住這個沉痛的教訓，希望「文革」不再發生。在按門牌尋找的路上，她看著每個五十多歲和自己父母年齡相仿的女性，心想也許這就是「她」。我們兩個在街上有的時候都有病，想證人都想瘋了，一看年齡跟「她」相仿的，就覺著或許這就是。我們上

去打聽打聽，即便不是，也許她一九六六年也是個紅衛兵，去衝擊著某個單位或某個人呢。如果反過來，當時她的父母是受衝擊的對象，那她可能就造不了反，只能旁觀，甚至受株連，也有可能決然與父母劃清界線，使自己顯得更加革命。反正這個「她」，在書中我一直是帶引號的，是特指紅衛兵的頭兒，呼吸的只有「文革」的氣息。

　　如今外部環境的巨大變化和「她」身上留下的衰老印跡，已使人們無法從直觀上聯想起「文革」，因為你今天看到的「她」已經是一個很憔悴的中年婦女了，你想不到在「她」身上會留下了一些什麼「文革」的記憶。你想像「她」當年是一個紅衛兵的頭兒，並且對老舍之死負有一定的個人責任，這個我想你是無法聯想起來的，無法從「她」留下的表面的印跡聯想起來。同時這也使鄭實這個晚輩在與「她」面對時，無法想像青春在她心底留下了怎樣的痕跡。「文革」中正是「她」青春的年華，十七歲，多好的年華。

　　「她」留了電話讓過幾天另擇時間。鄭實擔心「她」會改變主意，因為這太正常了，「她」當時跟你客客氣氣，你留電話吧，改天我通知你，或者改天咱們再聯繫，實際上就是一種婉拒了。果然當再打電話的時候，「她」的情緒就變得很不好。大家可以想像，經歷過這麼一個慘痛經歷的人，「她」不希望再被人去揭開，當一旦有人再重新去碰「她」的時候，「她」的內心會非常的痛楚和不安、煩躁。「她」就問有沒有證件證明身份的東西，光身份證沒用，並說自己也沒有什麼好說，因為一九六六年的事，已經多次有人找

「她」，讓「她」交代問題，弄得「她」一時無法正常工作。解釋再三，「她」終於答應見面，這就已經非常難得了。

二〇〇一年一月九日，就是今年的一月九日，新世紀北京第一場雪後寒冷的早晨，我們倆一鄭一傳如約登門。好歹我在文學館，我的專業研究者的身份，還有第一本我的成果拿給「她」看，很容易將「她」心裏的顧慮打消了，好像還更能使「她」信服吧。講了一會兒，氣氛還很融洽，「她」就爽快地同意講述一九六六年八月二十三日的情形，但是「她」同我這裏所有的受訪人不一樣，他們都同意我錄音，「她」卻不同意錄音。所以，關於「她」的訪談，都是我在提問，我那位鄭同志在邊上速記，我們是在回到家之後根據當時的速記和自己的回憶做出來的。

這樣一個人非常有意思，我在見「她」之前，無論如何想像不到從外形上看，嚇我一大跳，「她」的身高比我高，而且膀闊腰圓，比我大出一圈兒。在採訪中據「她」跟我講呢，在八女中的時候是高二。當年批鬥老舍的時候，紅衛兵女八中的頭兒是「她」，是「她」帶著紅衛兵到了文聯，打人的基本上都是十四五歲，初二、初三的女生。「她」是頭頭兒嘛，十七歲，是高二的學生。據說當年女八中的學生一共有五個領袖，「她」是其中之一，是學校的體育委員，投鉛球的，在全國中學生的比賽當中還獲過獎。我按照「她」的身高、體重往一九六六年去想，我想「她」肯定是挺嚇人的，將近一米八的一個十七歲的女孩子，戴著紅袖章，腰扎皮帶，帶領著一百五十個紅衛兵，那恐怖的氣息，我想經歷

過「文革」的會在心裏邊有一個還原吧。

第二條按語，寫我採訪剛過世不久的胡絜青老人，交代了我做這個題目的初衷。我說：

我從一九九三年開始做研究老舍之死這個沉重題目的資料準備，最早緣起是中央電視台的編導洪眉找我，說她想拍一部反思老舍之死的專題片。因爲最早我並沒有成書的念頭，我做老舍之死的研究，完全是很偶然的，只是我電視台的朋友要用電視的手段還原當時的歷史。她找我是因爲文學館的便利，跟作家也很熟，舒乙是老舍之子，又是我們的館長。這個時候我才清晰地意識到題目是很好的，非常值得做，而且是一個很大的題目，有意義有價值。一九九四年以前的採訪都是我們兩個一起完成的，我至今回憶在一起合作，她拍攝、我採訪的日子仍覺得美好難忘。

我很清楚老舍之死已不單是一個著名文人在「文化大革命」中非正常死亡的自殺事件，反省思考老舍之死也不僅僅是分析老舍自殺所帶來的啓迪，更重要的意義在於透過老舍之死來挖掘、折射、反思二十世紀中國知識分子在心靈、思想和精神意識進程中某些原生態的東西，這對今天的知識分子同樣重要。我覺得我們想做的這個工作，想挖掘的這些東西，對我們今天同樣具有非常深遠的現實意義，而且這些東西往往在我們今天的中國知識分子當中依然根深柢固地存在著，而且很難消除，短時間內還不一定能夠消除乾淨。

所以這也是我在思考同類問題的時候感到非常困惑甚至痛苦的地方，儘管老舍自殺的太平湖早已經填平了，遺址建

成了北京地鐵太平湖修理廠，但在我的心中始終保存著一小塊太平湖的舊跡。我的意思是說，在去年講到這個的時候，我在前言裏邊有這樣一段話：野趣叢生、蘆葦橫生的太平湖由於一九七一年「深挖洞」時填平了，至今太平湖舊址上連老舍遇難、老舍之死的碑誌都沒有。這涉及我們對歷史的一個態度問題，我為什麼要做老舍之死的研究，從我的內心來講，一小塊太平湖的蘆葦，那一小塊蘆葦代表什麼呢？代表了曾經發生過的，都可以說是在人類歷史上非常大的浩劫，就是我們的「文化大革命」。我們自己要怎麼反省它？老舍殉難的地方至今連一塊碑記都沒有，我只想盡自己的綿薄之力，把老舍之死做成一頁活的歷史，並使之成為歷史的永恒記憶。很值得慶幸的是，目前這兩本書都可以算作是關於老舍之死歷史永恒記憶中的一部分，或者是說我們在努力把老舍之死做成歷史的活頁，一頁活的歷史。是這樣一種努力的成果展示吧。

第三條按語，就寫到舒乙館長，有的地方還覺得寫得比較調皮：

舒乙是我的頂頭上司，也是我的師長和朋友，他從一開始就以他老舍之子的特殊身份，積極支持我的採訪工作，他主動向我提供了許多人的姓名、地址、電話，並從來不干涉，也不過問。他今天沒有來，本來說好了來的，可能是怕來了之後我當面誇他不好意思。他懂得任何歷史見證人都有述說歷史的話語權利，說得不對可以去反駁，卻絕不可以堵住人家的嘴。我覺得在這點上，舒乙先生做得非常好，有中

國傳統知識分子的寬廣胸懷，因爲我們現在做很多事情的調查，甚至作家寫作傳記的時候，往往都遇到一個非常大的問題，就是怎麼樣逾越作家家屬的干涉。這個問題使我們一些作家的傳記還有一些口述歷史，常常有一些人，比如說他故意做一些什麼手腳，做一些什麼事，就會給我們以後的歷史留下非常大的困惑，或者叫眞空。

　　舒乙覺得我的調查和研究有意義有價值，其實他自己早在我之前對父親的死就有很深入的研究了。我曾爲此專門寫過一篇文章，就是我剛才開場白的那篇，題爲《老舍之死與舒乙的人生選擇》。這次依然是把它作爲附錄，放在了書裏邊。「對舒乙的這次採訪，我們特意把他請到了太平湖的舊址上，採訪的過程中耳邊還不時傳來地鐵列車出站時尖利的鳴笛聲。」我加上這麼一句的意思就是想讓大家在看這本書的時候，經常能夠有一種在現場的感覺。太平湖的舊址，我不知道大家知不知道，就是現在積水潭的那個地鐵總站，地鐵修理廠，老舍人生悲劇終結的地方，現在是北京城市交通大動脈，地鐵的一個始發站。這也是一種巧合，一個文人死的地方，是我們現在城市交通賴以生存的一個起發點。

　　這回我又在附錄前邊加了這麼一個按語，因爲有些事情，比如說我在採訪過程當中的一些經歷，這是大家所不了解的，我就以這樣一種按語的方式把這些都交代清楚。我在寫這篇文章的時候已經是好多年前了，我的兩位學者朋友（欒梅健、張堂錡）要爲台灣的業強出版社主編一本《現代文學名家的第二代》，約我寫一篇關於舒乙的文章收進去。我與舒乙雖

然同在一個單位，但常聊的機會並不多，這倒為我提供了一次機緣。當我跟舒乙說起要寫寫他時，他愉快地答應下來。一天中午，他約我到文學館舊館附近的一家小飯館邊吃邊聊。我加了這麼一句：最後是他買單，希望文章不至讓人說有吃人家嘴短之嫌。

我覺得我非常得意的一個按語，就是交代採訪草明的不易。有好多朋友可能知道草明。為什麼不易呢？就像說到那個「她」一樣，草明心靈當中的瘡疤，我想比那個「她」說不定還有過之。因為在一九六六年八月二十三日老舍挨打的那一天，在文聯，當紅衛兵毒打老舍的時候，草明不管出於什麼樣的動機，自我保護也好，踩著別人肩膀往上爬也好，總之，關鍵的時候她站出來說：老舍把《駱駝祥子》的版權賣給美國人，他是拿版稅拿美金的。在「文革」這麼一個環境下，美帝國主義是誰能沾得了的呢？紅衛兵就把當時鬥爭的矛頭，火力全部集中在老舍一個人身上，使老舍遭打的程度就大大地超過了上一場。這個我一會兒細講到，就是老舍被打一共是有兩場。

在「文革」結束之後，草明自己也曾經想表示道歉，到過舒家。關於她的道歉，這本書裏舒乙的採訪之二，就是針對草明到他家裏道歉的，那個題目就是《草明曾來我家道歉》。她道歉的時候呢，胡絜青先生是一言不發的，也不知道是不是接受了她的道歉，還是說對於這樣一個人不太願意寬容的，或者說是表面上就已經寬容了，何必跟她計較呢，這事已經過去了，自己去獨吞下那份慘痛的記憶吧。

　　大家想，草明在老舍之死這件事上，幾乎一直被衆口一詞地認爲是最難脫干係和最該負責任的個人之一。八月二十三日那天正是由於她的揭發，無形中起到推波助瀾、火上澆油的作用，使老舍先生受到慘烈的毒打，甚至有些人索性乾脆認爲老舍最後投湖自殺就是草明揭發導致的，她就是元凶之一。草明自己作爲當事人，自己對這件事情的陳述和後來的態度怎樣就顯得尤爲重要，而且有著非同尋常的意義和價值。說穿了一句話，我想採訪草明的用意或者是用心良苦，只希望從她嘴裏由她自己說出來，「我當時在那樣的場合說了那樣的話」。但是由她嘴裏說出，或者叫「套」出這樣的話是非常不容易。她自己是很難去面對，雖然我一向覺得像老舍之死這樣特殊的歷史事件，是不好把帳往哪個個人頭上算的。「文革」的帳，我們不能簡簡單單地說哪個個人負什麼責任。我想她一定不願重提起這件事，不管承認與否，這畢竟是她心頭一塊難以彌合的創痛。第一次打電話，很乾脆，她就拒絕了我，她甚至覺得我是不是受了舒家的指使，背後還可能有什麼不可告人的陰謀。她警惕性很高，她原來三四十年代去過延安，她是現在很少幾個在世的一九四二年曾經現場聆聽過毛主席《在延安文藝座談會上的講話》的老作家之一。這是在我意料之中的，因爲我和老舍之子舒乙是同事，她覺得我們是串通好了的。

　　但是我並沒有因此死心。一九九四年的中秋節和一九九五年的春節（我對草明的採訪做得很早了，是一九九五年的事情），我就跟洪眉，當時跟我一起合作的那個，兩次「黃

鼠狼給雞拜年」，帶著月餅和水果去看望她，反覆跟她講，您應該有責任有權利把當時的事情說出來，對歷史有一個交代，對自己也是一個交代，以免旁人以疑傳疑，對您反而有更不好的誤解，爲歷史作證吧！

我還再三向她保證，我們的採訪同舒家沒有半點關係，完全是我們個人對這歷史事件感興趣，是要把一些活的歷史資料搶救和保留下來。她答應考慮。也許是被我們的眞情所感動，也許是她眞的要向歷史有個交代，她終於在我第四次打電話相約的時候答應接受我們的採訪。採訪的頭一天晚上，我緊張的一夜未睡，我總擔心第二天採訪的時候，她會中途打斷我們，因爲這太有可能了。我精心設計著要問和該問的問題。這個地方我耍了一個滑頭，我爲怕冷場，因爲這種採訪很艱難，從文學的角度來說，我看草明先生的作品非常少，可以說是我不太愛特別現實題材的，反正有點喜歡象牙塔那種東西吧。對草明的創作了解不多。採訪過程當中不能直接地就去問她老舍之死，這樣採訪也太不藝術，她一棍子給你打回來，你的採訪就失敗了。

我在頭一天晚上就沒有睡，把我家裏僅有的當代文學史翻出來，看文學史上對草明的一些描述。因爲我沒有看作品，就只能從文學史上對她的描述往自己的腦子裏灌，或者是惡補。我希望第二天採訪的時候，盡可能跟她多談她的創作。這種訪談就是應急式的，也是我們現在許多記者這樣做的，就是事先沒有對受訪人有了解，完全突擊式的，是爲了現實目的，或者說有一定的功利性。我對草明的採訪的功利

性往好裏解釋就是爲歷史負責，跟現在的有些功利不能夠太沾邊兒，我這樣做的目的就是怕在採訪過程當中，她稍有不願再談此事的情緒波動的時候，我就迂迴出來跟她談自己喜歡的。事實證明這招兒很靈啊，我看她有點不高興的時候，就不談這個話題，談她的創作，她就很高興，因爲是她自己非常喜歡的。她在現代文學史上基本上是第一個寫工業題材的長篇小說作家，她的《原動力》、《火車頭》在我們的現代文學史上有非常高的文學地位。

後來證明這招兒眞的是很靈，但我不知道這樣做是否道德，歷史的責任感讓我也顧不了這許多。事後洪眉也告訴我，這是她所見到的最藝術和最成功的採訪，這自然讓我很得意了一陣子。她在拍攝時心情也是十分緊張的，當我剛一把話題切換到老舍之死上的時候，她就屛住了呼吸，生怕草明讓她把攝像機關掉，把我們轟出門去。採訪比我們預料的順利得多。當我們結束這場艱難的採訪的時候，至少我的體力已快支撐不住了，但料峭的春風依然以它神奇的力量把我們精神的風帆撑得很滿很滿，我們陶醉在愉快之中。

這其實可以說是我這書採訪中最艱難的一個，也可以說是困難最大的一個。我也把它完成了。這樣做的意義在於什麼，如果今天我們還想去採訪草明的話已經不可能了，她已經八十多歲了，而且腦軟化很厲害，已經失去了記憶。爲什麼我們總要說這本書是在爲歷史留痕，留下一段活的歷史活的記憶呢？書中的許多被採訪人都已經過世了，像我第一本書中在採訪到對老舍之死的看法的時候，我採訪冰心先生、

曹禺先生、端木蕻良先生，現在都已經不在了。這是一份歷史的珍貴史料，只有靠文字的歷史來留存下來。

　　我要說的第四個不同，就是在書中增加了非常多的彌足珍貴的附錄史料。書裏有一個特點，大家細看的話，可以發現裏邊有非常多的附錄，其中舒乙的附錄是最多的，他有三個採訪，七個附錄。七個附錄當中有幾個附錄是針對別人說的不對的進行反駁的。比如說他對浩然訪談錄當中提到家屬對老舍之死的態度問題，舒乙在接受《天津日報》記者訪問的時候，他的訪談的題目就叫「浩然在說謊」。我也把這個收錄在書中。還有就是打撈老舍屍體的民警，他所說的是舒乙一點都不能接受的，他覺得是在杜撰，甚至是進行文學的加工，想像，編故事。舒乙很氣憤，他的反駁題目就是「歷史怎麼可以這麼玩弄」。他覺得他也是見證人呀，才過了三十多年，怎麼對歷史的描述就迥然不同？非常不同。所以我做這個書覺得非常有意思，我以為搞清楚的某個問題通過一個又一個採訪，好像脈絡在清晰起來，到最後瞪大眼睛，瞠目結舌，無所適從。

　　另外就是像侯文正，也有六個附錄。侯文正是這個事件當中很有意思、很關鍵的一個人，這個我後面慢慢講。因為這個事很龐雜，我為什麼要有一個提綱呢？我就想按著這個脈絡，給大家理清楚。我怕沒有這麼一個提綱，完全憑我腦子中的印象這麼講的話，就可能一會兒東一會兒西，有的地方連接不上，所以我還是做了非常精心的準備，也是為給大家有一個好的交代吧。冒雨前來，咱也不能敷衍了事。

　　另外，我還把一些已經過世的、或在世的作家以前發表過的文章，也作為附錄收了進來，比如說像端木蕻良，我收了他自己寫的一篇散文，文章叫《打屁股》，描述了八月二十三日發生在文聯的那個事情。雖然沒有太直接描寫到老舍，但是他對那天的描述，作為一個現場的目擊者，也留下了一個非常好的旁證材料。林斤瀾是現在還在世的一位老作家，快八十歲了，他也寫了一個關於「紅色八・二三」的描述，這個描述裏邊涉及一些人，人家非常不滿意。比如說他裏邊提到了侯文正和柯興。我不知道大家知不知道柯興，就是前幾年有一個小說叫《賽金花》，廣播裏面也廣播過的，那是柯興，也是寫長篇小說的。他在「文革」開始的時候是《北京文藝》的一個編輯，而侯文正要去北京文聯算是去「奪權」吧。據林斤瀾的描述，這兩個年輕人，因為侯文正當時是北大中文系應屆畢業生，柯興已經是在文聯工作，兩個人年齡相仿，差不多，這兩個人就是一個來奪權，一個不讓奪權，兩個人就在辦公室裏爭吵起來，甚至扭著對方的脖子，這麼個細節。

　　文章登出來之後，我們看到的人可能相信這個描述是眞的，但是當我找到了侯文正和柯興之後，這兩個人都矢口否認，說不光我們沒有在辦公室裏對打，互相扭著脖子，我們連認識都不認識。這個就非常有意思，所以我後面還要講到，演講的題目為什麼叫這個名字，我的書的前言為什麼叫這個名字「歷史・圈套」。

　　侯文正的附錄就是他自己的辯解以及當時山西省委調查

「三種人」的時候對他的審查結論都放了進去。侯文正也很
慘，因爲好多人說他像草明一樣應對老舍之死負責任，大家
衆口一詞地說，侯文正對文聯發生的批鬥，招來紅衛兵負有
直接責任，紅衛兵是他打電話叫來的。一九八四年審查「三
種人」，當時山西省委也立案揭發、審查侯文正。他們根據
的揭發材料，就有浩然的，楊沫的。浩然的揭發說，他打電
話叫來的紅衛兵，柯興也說是他打電話叫來的紅衛兵，楊沫
是在自己的「日記」當中記錄下來是他打電話叫來的紅衛兵。

　　日記這個東西非常可怕，它作爲證據的時候，你覺得貨
眞價實不會有假。但是我們來分析一下，從這本書裏大家可
以看出來，我這本書是保持原貌的，沒把個人主觀的分析放
到裏邊去。但是我們每個人都有頭腦，你看楊沫日記的時候
你可以發現，她的日記不是寫於一九六六年八月二十三日，
不是事件當天寫的，它是一九八一年追述的。追述的日記是
不是可以作爲指證別人的證據呢？當然最後調查組可能也是
把日記從這個角度來考慮，把它摒除在外了。因爲一九六
六年到一九八一年又已經過去十五年了，這十五年當中，她
聽到別人說了許多關於那天發生的事情，那麼她在補述的時
候，就可能把這些都加進去。就是說十五年之後寫的日記，
有許多東西已經不是她當天所見了，已經有許多道聽途說了，
是別人說的了。是不是準確就不知道了。

　　所以侯文正在爲自己辯白的時候，就說這個證據是站不
住腳的，爲什麼呢？首先楊沫是爲了感激浩然，這是侯文正
的辯解，他說楊沫在「文革」中是受了浩然保護的。可能對

他很感激，當浩然來揭發侯文正的時候，楊沫也就主動站出來用自己的日記來作為一個旁證。在調查侯文正十七個月的過程當中，侯文正還覺得有一點不滿意，就是法律上對他進行有罪推論。就是說我們首先戴上有色眼鏡，認定這個人有罪，然後向這個有罪的筐往裏裝材料，而不是無罪推論。

　　侯文正寫了很多辯述材料，希望組織上從無罪推論來考察他，你先設計我是沒有罪的，然後再找出證明我有罪，就像我們常看的那些美國法庭片。美國電影是那樣的，先設定他可以是犯罪嫌疑人，但他不是犯人，你得有足夠的證據證明他是犯人之後，他才犯了法。所以侯文正在這種辯解過程當中，經歷了十七個月，最後山西省委的審查結論說，侯文正不在事發現場。我在這個書中把侯文正的山西省委審查的結論以及他給省委審查組的辯述材料，還有他自己在看了相關的一些關於老舍之死的報導之後自己的分析，一共六個附錄收了進來。有興趣的話大家都可以看，都是非常好的材料。

　　另外還有兩部分材料是揭密性的，實際上我今天的演講有點導讀的性質，告訴大家及對這個事件、這本書感興趣的朋友，怎麼樣來讀這本書。第一個揭密性的，涉及「文革」期間北京文化局的一個事件，這是長時間來被我們捂在蓋子之下的，就是說若這本書裏沒有披露的話，好多人不知道。我在訪老舍之死的時候也沒有想到會牽扯出另外一個事件，就是發生在北京市文化局的事件。一九六六年和一九六七年，或者說是在「文革」期間，北京市文聯、文化局各發生了一件大事，所謂叫大事，就是出了人命，有自殺事件發生。文

聯就不用說了，就是我們一直在講的一九六六年八月二十三日老舍被打，然後投湖，是文聯的老舍之死事件。

我說的揭密性就是在這本書裏邊宋海波的採訪後面的三個附錄，第一個就是我們採訪的中國雜技團馬戲隊的何長生、譚淑玉夫婦講到的「屠殺動物事件」。這是發生在北京市文化局，一九六七年，因爲也有人自殺，所以人們就把文化局的「屠殺動物事件」和「文聯的老舍之死」並列爲「文革」期間文聯、文化局的兩件大事。這件事到今天我們都從來沒有人去揭開它，我們在採訪老舍之死的過程當中，因爲得到了這麼一個線索的提示，就想索性把這個事件也挖出來，爲歷史留下一段眞實的記憶。

關於「屠殺動物事件」，我就一兩句話帶過去，因爲畢竟跟老舍之死沒有直接聯繫，我只是想把它提出來，告訴大家一下。一九六七年六、七月間，中國雜技團馬戲隊是歸北京市文化局管的，也要造反，也要革命，也成立了造反派，貼出了大字報。他們貼出大字報來是要屠殺動物，爲什麼呢？他們的理由是從列寧一句話來的，說列寧說過：馬戲不是藝術。既然革命導師說馬戲不是藝術，那麼我們留著那些動物幹嘛？通通殺掉好了。馬戲團裏邊有很多表演的小動物，什麼狗啊、熊啊、馬啊，受訪人跟我說過，因爲廖承志喜歡小狗，馬戲團就把狗都給廖承志了，後來恢復馬戲團的時候又把狗給要回來了。馬非常棒，我們看那些馬戲表演，馬背上可以站好多人。何長生跟我說當時最棒的一匹馬上邊可以站八個人，在圓場子裏邊跑。馬呢也都給了動物園了。

最後最大的動物，狗熊怎麼辦？動物園不要，而且狗熊又很能吃肉。有兩派，怎麼樣處理？有一派占上風，就是主張把狗熊殺掉。最後四隻狗熊就被關在一個鐵籠子裏邊用電電死了，把狗熊殺死了。殺狗熊還有一個直接的原因，當時有一些馬戲團的婚齡青年需要新房，騰不出來，那只好把熊房騰出來給他們做洞房，這也是非常有意思的。

自殺的人是一對夫婦，叫高孔鏘、金志琴。高孔鏘是國民黨的一名起義人員，這種人在「文革」當中是屬於說有渣兒，容易被人抓住把柄的，他只好從一開始就做造反派，主張殺動物。但文化局裏他的對立面人事幹部把他過去的檔案貼出來了，貼大字報公布出來了。人們知道他的這個背景之後，馬上把他打下去。由於覺著自己摘不掉的責任，在人面前難以抬頭，就和金志琴——金志琴是一九四九年以後很棒的一個馴狗演員，有一部老電影我想不起名字來了，裏邊有一個特別好的小狗表演，第一隻狗能站起來，後面的八隻小狗搭在牠的肩膀上，然後再走。現在最好的馴獸演員也僅僅是第一隻小狗自己要用手領著，後面的小狗站起來。這個演員是非常棒的，她原來在蘇聯學過馴獸表演——金志琴和高孔鏘這兩口子最後就算是負罪自殺，組織上的結論是負罪自殺。出人命了，上面就來調查了，調查組最後的結論是「破壞性處理動物」，下了這麼一個結論。這個調查組還是江青讓派的，可見還是挺重視的。

我這裏面的附錄三呢，就是附錄了金志琴留下的一份遺書，這個大家有興趣可以看。因爲時間關係，我就不在這兒

唸了，她裏邊那些語言呀，就是自己要死了還由衷地感謝毛主席，勸孩子要聽話，要祝毛主席萬壽無疆什麼的。這個作為歷史的一個原始的材料留下來，也非常有意思。這是一個屬於揭密性的史料，把當時文化局在「文革」當中的一件事給披露出來了，在之前我沒有聽任何人說過。

再有一個揭密性的史料就是蕭軍先生生前留下的八月二十三號前後的紀實描述，這個是我在訪蕭軍的女兒蕭耘的附錄一和附錄二，這兩篇文章就是「文革」中蕭軍致中共中央有關領導信件的摘錄和「文革」中專政小組指令蕭軍寫出的「我的再一次檢查和自我批判」的摘錄。這個就稱得上是歷史文獻了，非常珍貴。它雖然裏邊也沒有直接提及老舍，但是對那一天的情景、那次事件的全過程，是最直觀的史實記錄，這裏我就唸一小段：

我們被拖下汽車之後，由同去的一批押送者「保護」著，打著……排著隊通過了「人夾道」，引進了孔廟的內院。這時院內的空場上正燃燒著一團濃煙滾滾烈焰熊熊的大火堆！當時我忽然意識到這可能是要實行「火葬」了吧？但是我當時的感覺是漠然的，沒有恐懼，沒有悲哀……覺得如此結束了這一生也是可以的，並沒引起什麼遺憾之情。火堆周圍正在轉走著各色各樣的人，其中大部分是身穿黃、綠色軍衣扎有紅色臂箍的紅衛兵。我們被命令著面向火堆近邊彎下身子來，接著就聽到一聲喝令，「打」！於是乒乒乓乓打人聲開始震響了整個大院的空間！他們所使用的打人工具，有的是舞台上使用的大刀或長的藤條杆，有的是竹片刀，也有皮帶

……最使人痛徹筋骨的是那些擊在肩背上的「金瓜錘」，每打一下，全可震碎人的內臟，斷了呼吸，暈倒下去……在輪流轉打的過程中，我有時還能聽見從背後傳來幾句我所熟悉的男男女女的指令和命令的聲音：「這是老牌反黨分子蕭軍，這傢伙最頑固！應該多給他幾下。」

蕭軍是一個練武之人，體魄非常強壯，他能夠挨打的程度可以說要強過老舍許多，即便是這樣，蕭耘在描述他父親在「八・二三」被毒打了三頓之後，到夜裏的時候便暈倒在水泥地板上。他最後的慘狀是什麼樣子，背心打碎了，被打進了後背的肉裏。我們想一想，老舍是一個身體上無論怎麼講都比蕭軍更不堪一擊的老人，他被毒打兩次，最後自殺投太平湖，我想他這種自身不甘屈辱，要抗爭的精神，還是非常令人崇敬的。

關於蕭軍，我在這裏不多講了，我會在適當的時候，請他的女兒蕭耘女士來給大家作一場演講，講題我都跟她定好了，題目就叫「我的父親蕭軍」。她會講得非常精彩，因為蕭軍「文革」當中罪名是老牌的反黨分子，他原來在延安時期，後來的「東北文化報事件」，以及一九四九年後的歷次政治運動當中，都是一個「老運動員」。這本書裏，我也收了我們對蕭耘的採訪。她從蕭軍的材料和她自己在「八・二三」的遭際裏得出，「老舍之死」這個事件是有組織、有計劃、有預謀的。蕭耘在「八・二三」晚上接父親的時候，被紅衛兵毒打，她的哥哥被五花大綁綁走，差點兒送到火葬場。她自身有這樣的經歷，第二天就帶著血衣去國務院上訪

辦公室上訪，最後使蕭軍得以活下來，女兒也是付出了非常多的努力。我想，她來的時候，會把這些詳詳細細地跟大家報告。

我們接下來再講老舍，今年是老舍先生逝世三十五周年，再過幾天就是他的忌日。兩個星期前，我們在這裏紀念魯迅先生誕辰一二〇周年，請來了魯迅博物館的副館長陳漱渝先生，他主講的是「新時期以來關於魯迅的若干次論爭」，以紀念一位偉大作家的一生。今天我們在這裏紀念另一位偉大作家的死，這一生一死的生命方式，都是留給二十世紀中國文壇和思想文化界的精神寶藏。研究魯迅先生生的論著和文章，可謂汗牛充棟，而研究「老舍之死」的論著卻至今連一本都沒有，我目前所作的並不算是研究老舍之死的研究著作，我只是在初步地把原始的材料進行蒐集。我目前所做還是在為寫這樣的一本書作資料上的準備，想先心平氣和地尋覓這件史實的公是公非，不帶感情色彩地把事件本身弄清楚。但我自己心裏有一個框架，我自己有一個野心，我做這個資料蒐集整理工作的目的，是為了要寫這麼一本研究著作。

我想要把它寫成什麼樣呢？我自己心裏有一個輪廓，就是想把它寫成一部美國漢學家式的史著，像費正清，費正清的學生列文森、孔飛利那樣的史著。不知道我有沒有這個本事，也許只是好高騖遠，希望有一天我能夠把它寫出來，能夠再在這兒跟大家匯報。

寫史的目的無疑是為了保存某一段歷史的真相，傳之後人，警惕將來。我們常說「前事不忘後事之師」，「忘記歷

史就意味著背叛」，諸如此類吧，其實歸結爲一句話，「誰
掌握了歷史，誰就掌握了現在」。這是英國的一個著名作家、
政治寓言小說《一九八四》的作者喬治‧歐威爾說的。但我
從歷史中得到了什麼呢？說來可笑，現在我還不十分清楚，
我被歷史搞糊塗了。

　　一九六六年八月的一天，人們在北京的太平湖發現了老
舍的屍體，他被靜靜地打撈上來，並在當天火化。然而他的
名字卻沒有隨同那疲憊瘦弱的身體一起消失。相反許多年以
後，每逢這位老人的誕辰紀念日，人們都要將不朽的光環獻
給他。他的謎一樣的非正常死亡，早已在不經意間成爲歷史
傳說的一部分。爲什麼曾用筆創造了無數鮮活生命，又給無
數生命帶來愉快的老人會孤獨地結束自己的生命呢？至今我
們沒有找到答案，也許永遠都不會有答案。其實這就是歷
史，我們只能無限近地接近歷史，卻無法還原歷史本眞，這
就是我們在做這個書的過程當中非常深的一點體會。

　　一九六六年的時候，我們倆─鄭一傅，一個一歲，我是
一九六五年出生的，老舍死的時候我才一歲，鄭同志是一
九七二年出生的，而被稱之爲「文革」的史無前例的這場浩
劫，在我們幾乎沒有準確的記憶之前，就結束了。如果說把
「文革」武鬥結束定在一九六九年的話，因爲「文革」後來
演變到動用武器了嘛，毛主席讓部隊介入，把武器收回來，
停止武鬥。那年我四歲，鄭同志還沒有出生。所以「文革」
對我們來說不是生活中的客觀現實，但事實上我們無時無刻
不感到自己依然生活在歷史的陰影中，那些長輩們，成長時

期為我們傳授知識和智慧，我們現在生存還必須仰仗的這個社會的主要支柱，不可能不在精神上深受影響。儘管人們說時間可以洗刷一切，甚至恥辱，但三十年，四十年，對一種文明和文明的中斷來說還是太短暫了。

我們兩個都是學中文出身，慶幸的是對現代文學的興趣深受老舍的滋養，這位為文學而生的作家，他本身和他的作品一樣受到崇拜者的關注。我們發現一九六六年以前的老舍，至少表面上還算得上是生活和創作上的雙重強者，儘管他的生活有不如意，作品也有瑕疵，但這些並不能撼動他的楷模形象。可是倏忽間這個人消失了，消失得無影無蹤，連骨灰都沒有留下，迷霧一樣的歷史彷彿裂開了一道縫，把他永久沉入了黑暗，留下的只是版本不一的各種猜度。現在關於老舍之死有各種各樣的描述，你都不知道相信誰，有人說得可能是真的，也有人可能就有各種各樣的掩飾，做幾十年之後昇華了的解釋。

就目前來說，我們只知道他在死前經受了突然的暴力和侮辱，緊接著便在太平湖發現了屍體，這位自稱寫家和文牛的人竟沒有留下隻言片語。沒有人知道這位曾經在小說中多次為善良人物安排投水自殺結局的老人，在死之前經歷了心靈和肉體怎樣巨大的雙重痛苦。與「文革」中許多類似的事件一樣，這個悲劇已成了獨角戲，除了受害人之外，只剩下隱藏在帷幕後面的無物之陣，我們今天通稱其為「歷史」。我們的困惑就在於，我們今天所接受的一些歷史，有多少是歷史本身的樣子，有多少歷史可能被歷史學家或者是寫史的

人、寫作品的人把它當成「戲說」了呢？

　　依照人類文明的規律，任何暴力行爲都要受到審判，哪怕最後被推上被告席的是所有法官都心知肚明的替罪羊。但「文革」沒有，至少「老舍之死」沒有，沒有法官，沒有起訴人，沒有被告，沒有旁聽者。這讓我想起斯大林的一句話，斯大林說：「死一個人是慘事，死一百萬個人只是統計數字。」這非常可怕，比如拿「文革」來說，死了多少人，葉劍英元帥好像說過一句話，「被整死的大概是兩千萬，損失了八仟億元人民幣」。耗費了十年的時間，給我們民族帶來那麼大的劫難。草明在自我辯解的時候，我估計她也是受了斯大林的影響吧，她在談到自己的責任的時候說：老舍是一個名人，他死了，好像覺得我說那樣的話揭露他就是個事兒。如果我說的是小人物，那就很隨便了。大概就是這麼個意思。可從草明嘴裏這麼說，我覺得還是有點欠妥當的，不管死的是老舍還是一個無足輕重的小人物，你在今天都應該對過去的這種行爲做出自己心靈的懺悔和悔過。

　　接下來我就講我今天演講的題目，爲什麼叫「歷史・圈套・眞實的神跡」？其實歷史這個詞只是個很抽象的名詞，並沒有太具體的意義，要它鮮活起來，立體起來，就得靠時間和事件的掛鉤。歷史有了時間和事件才能活起來，才能立體起來。當你說歷史這兩個字的時候，它虛空，你不知道它說的是什麼，又很大。五千年中國歷史，歷史這兩個字包含什麼，五千年，太沉重，太多了。但是歷史都是由一點一滴組成的，這一點一滴從何而來呢？要有時間，要有事件，就

像我們這「老舍之死」，這個歷史就要有時間就要有事件。

　　英國有一位著名的藝術史家叫貢布里希，他寫了一本非常漂亮的書叫《藝術的故事》，裏邊就有這麼一句話，「日期是不可或缺的掛鉤，歷史事件的花錦就掛在這個掛鉤上」。就「老舍之死」而言，事件就是歷史的掛鉤，我們把自己對歷史的人性的認識懸掛在上面，無論後人是否理睬這些也許會風乾的花錦，但它們的的確確是我們所能留下的並不太多的眞實的歷史印跡。我們所有尋找歷史見證人的過程，都已經和一九六六年八月那個悲慘的日子掛在了同一個歷史的掛鉤上。

　　在這裏我想借用英文裏的五個W來解說老舍之死。學新聞的人都先要了解這五個W，就是「WHO,WHAT,WHEN,WHERE,WHY」，因爲它是新聞五要素。我覺得歷史的構成同樣缺不了這五個W，WHO就是指的人，WHEN指時間，WHAT指內容，WHERE指地點，WHY指原因。作爲史學家要研究歷史必須要探究這五個W，那麼我們要眞實地或者仔細地了解和分析老舍之死，同樣離不開這五個W。

　　「圈套」呢，我就用它來指歷史的眞空。我覺得歷史是有很大的眞空的，現在我們動不動就戲說歷史，這無疑是在幫著歷史設圈套。我舉個最簡單的例子，就是雍正繼位。小時候我就從在故宮工作的父親那裏得到這樣的歷史灌輸，說雍正是簒改康熙遺詔繼位的，繼位以後殺兄殺弟，搞暗殺，並因此最後被呂四娘砍了頭，埋葬的時候裝了個金腦袋。我想在座的很多人對這個「歷史」都是熟悉的。這眞是

歷史嗎？不是歷史，這是戲說歷史，是歷史小說給我們編織，給我們設下的大的圈套。當然了，這是很多港台、大陸影視劇戲說歷史的上好材料。但這不是歷史。我當時深信不疑，因為我小，沒有對歷史的辨析力，大人給我灌輸的我以為就是真實的歷史。這是多麼大的一個歷史圈套啊！

　　我想我們今天還有人沒從這個圈套中掙脫出來，這讓我在後來讀書時更加體會到，要不疑處有疑，有疑處更疑這麼一個妙諦。其實歷史的圈套非常脆弱，一捅就破，只要你有腦子，只要你肯辨識歷史。就拿雍正繼位來說，凡是中了這個圈套的人，都說雍正是將遺詔上的那個「將皇位傳十四子」改成了「將皇位傳于四子」。電視劇裏演過，在「十」上填了一個橫，底下加了一個鉤，雍正就這樣繼位了。從字面上看似乎合情合理，仔細一想問題就出來了，清朝是滿人的大清，清帝留遺詔怎麼會只有漢文，沒有滿文呢？我們去故宮看太和殿乾清宮，所有的牌子上絕對都是一行滿文一行漢文，他留遺詔的話也會是滿漢相對的，你可以把漢文的「十」改了，改了遺詔，滿文你怎麼改，沒有辦法。再說，當時清朝的時候，在使用這個「于」的時候，還沒有發明簡寫體呢，康熙不會寫這個「于」呀，雍正也沒有那麼傻，如果是寫「于」的話，是那個繁體的「於」呀。如果這樣，繁體的「於」，遺詔就沒法改了，歷史小說就沒法兒寫了。

　　再有，清朝稱皇子的時候都習慣稱皇多少子，皇四子，皇十四子，而不是前面沒有皇字。所以如果遺詔是「將皇位傳皇十四子」這個你就沒法改，改了之後就是「將皇位傳皇

于四子」，雍正他敢嗎？絕對不敢。那麼歷史的圈套不攻自破了。現在我們翻回頭來想這件歷史的真跡，康熙留下來的遺詔，真實的遺詔確實是傳位給雍正的，這個遺詔今天依然靜靜地躺在中國第一歷史檔案館的檔案鋪裏睡大覺。

我們對待歷史一定不要盲從盲信，原來在我腦子裏，雍正是一個大興文字獄的暴君，而我們的電視連繼劇，唐國強前些日子演的那個雍正皇帝，把雍正塑造成了一個整頓吏治、勤於朝政的明君，反正我無所適從了。我不知道大家怎麼樣，到底哪個是真的，他是暴君、勤於朝政、血滴子、文字獄？不知道。可見作家是史學家的敵人，他經常經過文學的加工以後，把歷史給神話了。這就是我要說的，我們常常為了後人、今人自己的目的重新塑造歷史。

美國有一個漢學家叫保羅·柯文，他有一段話說得非常精彩，他說：「在所有把過去加以神化的具體例子中，重點都不在過去確實發生了什麼事，而在於他被後人為自己的目的而如何加以重新塑造。神話化的過程是認定過去中某特定的主題把它簡單化，加以誇張渲染，直至變成今人力量的源泉，足以使現在和過去強有力的相互肯定，互相印證。被利用的主題可能是真實的歷史過程的一部分，但也可能不是。」我們在辨識這些東西的時候會非常費勁，我們今天有多少歷史是為了今天的目的所用，從過去的主題當中揭示出來？我們在看歷史、了解歷史事件、獨立寫書的時候，應該有自己的辨識吧。

想想看，我們從小到大所接受的歷史有沒有或者有多少

是被神話了的歷史呢？這個我就不講了，大家自己去體會。
我想，我們至少從中不難察覺，作家筆下的歷史絕不是信史。
我們不要信作家的歷史，比如說像趙玫寫的《唐婉兒》，或
者二月河寫的《雍正大帝》，那是文學歷史不是歷史本身。
文學歷史離歷史本身很遠。

　　我剛說為什麼作家是史學家的敵人，作家為史學家埋下
更多的圈套，史學家在掙脫這個過程當中，往往是徒勞無益
的，甚至有點不能說是自取其辱吧，也是白費功夫。這有一
個簡單的例子，比如說前些年很流行的權延赤的一系列寫領
袖的著作《走下神壇的毛澤東》、《走下聖壇的周恩來》，
裏邊有大量的細節描寫，有對話，但是那個是歷史嗎？我不
知道。這裏又存在著一定的危險性，如果過了幾十年，我們
翻回頭來，來了解我們中共黨史的時候，如果你不去中共黨
史研究館，不去文獻研究室，去翻那些黨史的原始材料，而
憑借著權延赤的文學史書來了解歷史真相的話，我想肯定是
會進入旁門左道的。

　　作家筆下的歷史絕不是信史，史學家就真的重建起了歷
史上的過去嗎？既然人類的社會歷史是人類自身寫就的，歷
史由人來寫，人性的弱點是否會不經意或者是刻意地滲透進
歷史？也就是說，人寫的歷史是否會成為帶上了人性弱點的
歷史，這是一直困擾著我的一個問題。我在接連讀了陳徒手
的《人有病，天知否》，這個街上有賣的，最近賣得挺好的，
是人民文學出版社二○○○年九月出版的，已經加印到三萬
冊了；還有就是鄭實同志採寫的《我的人生——浩然口述自

傳》，《浩然口述自傳》對他的創作的成長經歷以及對「文革」中的一些事情，都有交代。這是華藝出版社去年十月份出版的；再加上我現在的這本《太平湖的記憶——老舍之死》，這樣的話，我就一直在思考著另外一個問題，歷史的敘述者和歷史的記錄者之間存在著歷史的真空嗎？

先說《人有病，天知否》，陳徒手是《北京青年報》的名記者，他寫這本書花了十年的時間，確實非常有歷史文化價值，某種程度上可以說是對一九四九年以後中國文壇歷史真空的填料。我甚至想說，他本人就是一隻不知疲倦銜著歷史的原始材料往歷史的真空裏填海的「精衛鳥」。我們有巨大的歷史真空，陳徒手這樣的工作以及像我們目前所做的工作，都是盡可能地像精衛填海一樣，叼一些歷史的原材料，填補真空，使真空的空間盡可能縮小一些。他謙稱自己只是這批中國文壇幾十年風雨的親歷者口述的記錄人，只是文學史料的一位整理者，但歷史的真空會因為他筆下一個個歷史的敘述者、見證者有了真實的活氣，有了真實的空間。無論是「舊時月色下」的俞平伯，「武鬥城下」的沈從文，在「團波洼的秋天裏」思索的郭小川，「文革」政治渦流中的浩然，還是太平湖裏結命的老舍，都在歷史的帷幕下真切了起來，實在了起來，這當然是歷史的幸事。

其實從他所挖掘出的這些原生態的歷史原料看，已經是為歷史研究者研究中國知識分子的心靈史埋下了一塊堅實的築基。我當然希望陳徒手自己也是這個奠基培土者之一，歷史研究不僅是歷史學家的專利，因為它既是歷史文化同時也

是文化歷史，應該是每一位有良知有「獨立之精神、自由之思想」的文化人終身思索的精神課題，也只有這樣才能夠始終以歷史學家的廣袤視野和警醒頭腦，區分開哪個是勝利者的宣傳，哪個是真實的史實。

「歷史是勝利者的宣傳」，這是著名的歷史學家湯因比說的，看看我們的許多歷史中有多少是在以勝利者姿態對自己進行宣傳呢？也就是說，對自己的歷史有所遮掩呢？不說別人，說別人我怕得罪，這裏就以我自己的恩師蕭乾先生來舉一個例子。我在一九九九年的時候，採訪整理出版了一部蕭乾先生的口述自傳叫《風雨平生──蕭乾口述自傳》，在這本口述自傳出版之後，我就聽到了許多說法，說蕭先生在口述自傳的過程當中對人是過於刻薄了，比如說，一九五七年反右的時候，他被打成右派，有許多人對他進行揭發，進行批判，他對這些事情說得非常脈絡清晰。許多人的說法，就是蕭先生自己在「文革」當中大概也有一點像他所批評過的那些文人不好的行為。但他在自己的口述自傳當中對這些隻字未提，那些人的說法就是說，蕭先生對別人過於刻薄，而對自己卻好像很寬容，或者是說對自己某段歷史故意隱瞞了一些。

蕭先生有一句關於說真話的名言，巴金先生提倡說真話，巴金先生說真話是沒有任何附加條件的，巴金先生是無條件地說真話，只要是有真話要說，就說出來。蕭先生是吃過「文革」的苦，吃過歷次政治運動的苦，他的言論不敢或者不願意像巴金先生那樣說得那麼透徹。因為這種說法，他也

曾經被人家攻擊為是「過於聰明」的中國作家，他在說真話上是有保留的，他主張「盡量說真話，堅決不說假話」。就是多加了幾個字兒，但這幾個字兒的分量，如果我們曾經過「文革」那樣的政治運動的話，我想是能夠體諒他的苦衷的，也不要說經歷過「文革」，就說我們今天處在社會的大環境下，或者說在一個單位下，你能夠做到，不要說盡量說真話，你能夠做到堅決不說假話嗎？這一點很難。如果你面對一個領導，向你了解什麼的時候，你要是堅決不說假話的話，你可能職位就沒了。

就我自己來說，我是了解他這一段，因為我聽的很多了，我為他沒能夠寫到這一點表示遺憾，我曾經好多次試著直接去問他，但是我怕觸動他那塊不願意讓人揭的傷疤，畢竟九十歲的人了。我也不願讓他過分地痛苦，我只是有一次，在他去世前不久，曾經試探著問過他，有沒有那樣的事情，他雖然沒有迴避，但回答得比較躲閃。他深深地嘆了口氣，一字一頓地說：「那個時候，人活得連畜生都不如，還能怎樣。」這是指「文革」期間了，我感覺到這一定是扭結在他心靈深處一個難以解開的死結，無疑就從蕭先生來說，他給我們留下了一個他自己歷史上的真空。

這要怎樣去填補？歷史的證人在一個個逝去，歷史都是有真空的，歷史有絕對真實的嗎？我不敢妄自置喙，只要我們別有意製造真空的歷史，就已經是歷史的幸運了。從這個意義上說，口述歷史，就是我們現在所做的，不管是陳徒手所做的，我做的蕭乾先生的口述自傳，鄭實做的浩然口述自

傳，還有關於老舍之死的這兩本書，都屬於口述歷史的範
疇，都是由人來口述。我們都是在爲歷史留痕，爲歷史刻下
眞實的記憶。

再說浩然《我的人生》，限於這本口述自傳的體例，採
寫者只能是一個歷史的記錄者，因爲是他說，你必須實錄他
所說的原話，你不能去篡改，篡改的話就不是口述歷史了，
就是你自己加工重新塑造的歷史了。現在關於口述歷史，還
有一些爭論，到底什麼樣的口述歷史更接近信史。比如像唐
德剛寫的《胡適口述自傳》、《李宗仁口述自傳》，這裏邊
胡適、李宗仁的口述的成分占了一半兒，另外的一半是他根
據一些史料自己補充進來的。他補充的這一部分有些可能跟
口述者所要口述的內容是相一致的，但是有些可能就加進了
他自己的分析，這就有點偏離了口述歷史的那個點。

但是有一點，採寫者在記錄浩然的歷史敘述的時候已經
清醒地意識到了，就是歷史的當事人和過來人並不意味著就
是完整歷史的最佳詮釋者。我們不要以爲經歷了某個歷史事
件的人，就完全是這個事件最佳的詮釋者，不是。關鍵看什
麼呢？看浩然是否眞誠地、毫無保留地講述歷史。這本書有
多大價值，關鍵也看浩然在多大程度上眞正還原了歷史。在
口述的時候，他的思想狀況是非常重要的，他在講某一段的
時候，他可能按照自己三十多年之後對那個事件的想法修改
了。他在書中也提到了「老舍之死」，他提到的那一部分恰
恰是舒乙所要反駁的。他談的是眞實的歷史史實嗎？他有沒
有給歷史留下眞空，他眞的像書的封底廣告詞所說，「將自

己一生的痛苦與歡樂、愧疚與自豪、內心的苦楚與靈魂的叩問坦白給世人」了嗎？

所以在這一點上就有了我和陳徒手的不同，他在他那本書的後記裏，有這樣一個斷言，他說這本書文字裏構築的一切成了「絕對歷史」，一去而不復返。我的疑惑就在這兒，無論陳徒手書中採訪的上百位受訪者，還是鄭實採訪的浩然，還是我們書中的這些受訪人，他們所說的就是絕對歷史嗎？他們有沒有出現過時過境遷的記憶模糊，有沒有在淒風苦雨之後的自我昇華，甚至有沒有狡點的睚疵必報，給歷史打上人性弱點的烙印？這個我們都不好說清楚。這就是我為什麼一直要說，我們好多歷史都是有真空的，是人性弱點的歷史。從這個意義上說，我覺得連司馬遷的《史記》也是一部蝕刻著人性弱點的史書，可我們今天往往是把《史記》當信史來讀。《史記》之前沒有史書啊，了解司馬遷以前的朝代所發生的一些事情，我們往往是根據《史記》。但司馬遷的《史記》當中對許多事情的描述也是文學的筆法呀！所以按胡適關於純粹歷史的嚴格標準來說，《史記》也不過僅僅就是一部歷史小說而已。

關於這一點，王蒙先生，到我們這兒來演講過，大家都領略了他聰明睿智的風采，他給《人有病，天知否》寫了一個序，他非常聰明非常智慧，並沒有直接說明他對這種歷史的看法，但是他以他那種很通靈的文字，把他感覺到的歷史的癥結點了出來。他說，「陳先生是以極大的善意、敬意寫這些離我們不遠的作家們的，善意寫，寫的對象也善了起

來，可敬了起來。話又說回來，不往善裏寫，你往惡裏寫一下試試，光吃官司的危險也足以令作者嚇退的。不全面是肯定的，不粉飾也不歪曲卻是有把握的。」

　　歷史的眞空有時就是在善意和敬意之間保留了下來，就是說，他採寫的時候是懷著敬意和善意寫的，這些過來人在接受他採訪的時候，也可能是按著自己幾十年之後重新的編排在跟他說。在說的過程和採訪的過程當中，這之間的眞空怎麼樣去塡補，怎麼樣去甄別，這是留給我們所有人要認眞思考的一個大問題。而且歷史甚至有時模糊到經不起追問，在哲學意義上的深邃也脆弱得一捅就破，這是人性的無奈，還是歷史的無奈？這就是我在調查「老舍之死」這個事件的時候遇到的同樣的難題。

　　歷史都是由一個個不間斷甚至錯綜複雜的細節構築的，而誰都有權利來陳述自認爲是史實的細節，那麼到底誰的生活記憶最接近歷史的眞實，誰的敘說最具史實的可靠性。換言之，陳述者有說出眞實的權利，也有製造眞空的可能，我們在這裏一定要提高警惕，陳述者可能陳述的是史實，但他有可能在故意製造眞空，這個東西一定要有一個特別客觀的分析。

　　我在讀過這些書後，包括這本《老舍之死》，就該下甄別和研究歷史的功夫。我曾經問過那位女同學，因爲她上上個禮拜就買了這本書，並跟我說她已經看完了。我問她，「你看出門道兒了嗎？」她說，「我看誰說的都像是眞的。」這就不行，你現在還沒有具備一個歷史的腦袋瓜兒，你把誰

說的都當成眞的。你得在自己的腦子裏邊過濾，有疑處你要更疑，不疑處要有疑。我想我們大家所要花的就是這個工夫了。

當然了，由記錄歷史而研究歷史無疑需要正規而嚴格的學術訓練，這訓練不僅要求掌握精當的學理方法，還必須具備縝密的邏輯思維和深層的哲學思辨能力，無論是研究歷史文化，還是文化歷史，這都是不可或缺的。但這項工作又不完全是科班出身的正規史學家的專利，誰都可以在充分利用寶貴原始資料的基礎上寫出史著，其實這正是陳徒手們和我們所要做的，蒐集這些歷史的原材料來爲感興趣的朋友、讀者、史學家提供研究甄別歷史的空間和舞台。

當我們努力尋找導致老舍之死的「八·二三」事件的當事人的時候，我們自知沒有權利做任何裁判，末日審判的號角只能來自天庭，那我們何以鍥而不捨不願聽從勸告，在人們早已丟棄的歷史垃圾堆中「淘金」呢？我們在採訪過程當中，曾經得到過非常善意的勸告，說這個東西宜粗不宜細，就像我們某些人對待歷史的態度一樣。可我們恰恰在這個事件上就要窮追不捨地去注意細節，所以在讀這個書的時候，我們會發現裏邊有非常多的細節上的矛盾、衝突、出入，非常對立的。你要是覺著每個人說的都是眞的，這個分析的工夫，你就沒有達到。就是你在不間斷的對比甄別的過程當中，要梳理出你自己的脈絡，當然不能說你自己梳理出來的東西就更接近那個史實，但是至少你滲入了歷史，你參與了歷史，你和歷史融爲一體了。這也是你讀史書也好，或者讀

這類書的一個價值所在吧。

　　接受過傳統正規教育的我們深知作爲概念來傳授和敘述的歷史與歷史本身的差距，美國著名漢學家列文森在《儒教中國及其現代命運》一書中說，我們的「歷史學家的歷史，並非這些歷史學家所能寫出的歷史」。大家聽這個話裏的意思，他們所研究的歷史與他們研究出的歷史並不能完全符合。我覺得他的話多少反映出我們以往被灌輸的概念化的歷史有多麼蒼白無力。當我們將這些當事人的敘述和此前的文獻比較時，深深地感到我們頭腦中的歷史是何等幼稚，它只不過是按照自身需要組合起來的拼圖遊戲，或者是僅供人們飯後談資的隨意杜撰。從這一點可以說，被人們約定俗成所講述的歷史，往往只是一個個圈套，每一次的談論都是在無意識地接受謊言或傳播謊言，而我們生命的有限性又決定了你無法去戳穿它們，所以我們無形中就是在把老舍之死的採訪調查當成了掙脫圈套和尋求生命眞實的努力。

　　我是從一九九三年開始做「老舍之死」的採訪，我的愛人加入進來也已經有一年了，我們把這個過程當成了一個掙脫歷史圈套、尋求生命眞實的一種努力。可具有反諷意味的是，這個圈套卻出乎意料地導致了我們對歷史眞實的懷疑。爲了使採訪更可靠更接近事實本身，我們在採訪過程中刻意注重對於細節的追尋，結果事與願違，相互矛盾的敘述反而使我們手足無措，有時甚至是瞠目結舌。並不遙遠的事件變得更加撲朔迷離，錯綜複雜，這個一會兒再細講。

　　比如說，打撈老舍屍體的那個警察，他所說的是舒乙所

不能接受的。關於那一天的細節，哪個接近歷史眞實，這個
也是讓我們花工夫的。顯然有一點，事隔多年，人們已經按
照自己的想像和主觀意願重新組合、編排、過濾了歷史。舒
乙在一個附錄當中反駁那個警察的說法時說：各人有各人的
立場，各人有各人的動機。

　　我們將永遠不知道哪一種敍述更接近事實本身，當然這
並不是說不存在唯一的眞正的眞實，或者追求眞實的努力永
遠徒勞無益。相反，假如眞實是人類不可企及的神跡，那我
們所要或正在做的就是無限地趨近事實，並盡最大的努力以
此來反抗歷史敍述中的暴政和人類認知的有限。我們做的是
無限近地接近眞跡，眞實的神跡。毋庸諱言，我們也缺乏正
規嚴格的學術訓練，向公衆提供的目前還只能說是原始的和
表面的眞實，而探究其內在的和本質的眞實，則需要在此基
礎之上做更爲艱苦細致的工作。遺憾的是，我們感到自己的
同路人並不多，希望在座的朋友當中有。

　　對國外特別是對美國漢學成果的羨慕，使我們對國內許
多學者的研究方法產生了懷疑。不努力積累原始的眞實，一
味空談道德價值和倫理評判無異於在謊言之上架構謊言，爲
歷史設置更多的圈套。我們希望借助於對待事物的窮追不捨，
來向堅持以科學的方法和踏實的態度對待學術研究的學者獻
上我們的敬意！我們自己也想努力這麼做，我們在努力。爲
什麼我們羨慕美國漢學家呢？他們所做的首先非常注重對歷
史原材料的追尋，蒐集和探討，而國內有很多歷史學家，很
多也許是面兒太大了，一些或者說不少，他們更多地去關

注於歷史事件的一些道德評判，或者是爲今天所用的主題解釋，而忽略了對這種最原始的東西的一種追尋。

　　即便從嚴格意義上來說，書中當事人的敘述都是屬於口述歷史的範疇，口述歷史無疑是活的史料，也正因爲其活，敘述者越發強調它的眞實，而這眞實又是活無對證，似乎就成了絕對眞實。如果這樣想，便上了歷史的當，現在我們常說有些事情，這人死了，他留下的話是死無對證。而這本書裏留下的好多話呢，是屬於活無對證。

　　爲什麼說活無對證呢？他在說某一個事情的時候，他首先說，我是唯一的一個歷史見證人，那個時候就我在場，我親耳聽×××那麼說。但他說沒說呢？你如果確定他是唯一的話，你可能就會相信他，但這裏面可能已經設下了圈套。這裏邊有的人可能在這個時候說這個細節的時候這麼說了，你再從別人的敘述當中發現，怎麼那人也在場，那個人也聽到了誰在說。首先見證人就不是唯一。另外對事件的描述，同一事件的描述，兩個人的描述是相互矛盾的。比如我剛才講到了侯文正，揭發侯文正打電話叫來了紅衛兵，三個證人的說法，有一個說他是在傳達室打的電話叫紅衛兵，有的說他是在財務室打的電話叫紅衛兵，有的說他在辦公室打的電話叫紅衛兵。三個證人三種指證，那麼侯文正一個人怎麼可能在同一時間在三個地方同時打電話呢？也就是說，侯文正的這種自我辯解就已經很好地把指證給揭破了。

　　所以，我們在看這書的時候，爲什麼要特別費腦子，就在於這裏邊圈套特別多。我們在採訪的過程當中，把它作爲

一個掙脫圈套的這麼一個過程。那麼我們也希望同樣對這書感興趣的讀者，在讀這個書的時候，也要不斷地把圈套挑出來，把它拋到一邊去，使自己更接近歷史的本眞。

老舍是眞實的人，他的死也是眞實的事，這實人實事自然就構成了「老舍之死」這段歷史，「老舍之死」這件事是眞實的事構成的，不能假，但幾乎每一位口述者，對幾十年前的這實人實事的敍述都不盡相同。實人倒是不假，實事卻反而變得模糊。倘若按照今天許多人的描述，當時的實事就當是另一番景象了。

比如，沒有人敢爲老舍之死承擔責任，當然歷史的責任無論如何也不該由哪一個個人來負，而且也是負不了的，有些人還抱著多虧當初沒有沾上這個事什麼責任而感到慶幸，來爲自己做幾十年後的昇華，這也是有的。比如說，是當時我說了什麼話，才保護起老舍的。我記著那話好像是我說的。是不是他說的，不知道。甚至也許有人在口述中有意無意摻雜進小說的演義，這使「老舍之死」在某種程度上已經故事化了。歷史與文學合二爲一的癥結便是留下這樣一個難解之謎，老舍何以會在那麼多的同情與保護之下死去？按照今天許多敍述者所講的話，老舍那天似乎就不該死，因爲有那麼多的同情者和保護者。歷史如果按照今天所說的還原，肯定是另外一個樣子。這就足以讓我們感到歷史眞是有太多人性的弱點了。

所以由這一點，我跟陳徒手最大的一個不同就是，陳徒手說《人有病，天知否》裏的已經成了「絕對」的歷史而一

去不復返了。我在這裏，絕不敢說這本書在文字裏構築了一部絕對歷史，所以我用「眞實的神跡」來形容唯一的事實。我們所做是想盡可能地讓這個事件還原歷史，接近那個眞實的神跡，但我們不敢說這是絕對的歷史。

　　法國有一位哲學家叫保羅‧凡納，他曾經說過這樣一個意思，原話我沒有找到，我也是從別的書裏看到的轉述過來。他講，「事件永遠不可能和事件的參加者和目擊者的感知相吻合，而史學家正是要從證據和文件中刻劃出他們想塑造的那個事件」。如果這樣的話呢，史學家也有了創造神話的可能。這又給我們帶來一個困惑，不光作家戲說歷史，文學地解釋歷史，史學家也有了這個可能。那我們對史學家的著作也要打上一個問號了。因此我總是在強調歷史是有人性弱點的。我不是史學家，研究調查老舍之死倒可以讓我做一回福爾摩斯。我想，我們在座的每個人也都可以去當福爾摩斯。

　　剛才我講到那五個W，現在我們來分析一下事件的細節，我今天爲什麼這麼講呢？去年，我講了很多的細節描述，不想讓去年聽過我演講的，又聽到許多跟去年重複的內容。我想盡可能地講出一些新東西來，包括我對歷史的一種看法和解釋，所以我在前面講了這麼多對於歷史及其與「老舍之死」的關聯，和自己對「老舍之死」與歷史關係之間的一個自己的見解。咱們先從簡到繁，說最沒有疑義的，就是「WHERE」地點。現場一共有三個，這個沒有任何異議，第一個現場孔廟，就是今天國子監那個孔廟，第二個現場北京

市文聯，第三個現場太平湖。這是地點上的，所有的敘述者都沒有假，這是不用質疑的。

在孔廟是發生了第一場毒打。簡單經過是這樣：一九六六年的八月二十三日上午，老舍到了文聯，造反派們要鬥蕭軍，強迫蕭軍去挖煤，蕭軍不服，就有人打電話叫來女八中的紅衛兵。紅衛兵來了之後，又接到孔廟的電話，說在孔廟發現了搜出來的戲裝，紅衛兵要破「四舊」，燒戲裝，讓這邊揪出來的文人到那邊去批鬥。紅衛兵們就把包括端木蕻良、荀慧生、老舍、蕭軍等等一大批文化人弄到卡車上拉到孔廟去批鬥。孔廟是第一個現場，由於這一系列（剛才講的打電話、派汽車）蕭耘才斷定這個事件是有組織、有計畫、有預謀的。為什麼打一個電話外面汽車就來了？為什麼那邊打一個電話戲裝就燒起來了？肯定中間有內部的人在組織、在運作。這是蕭耘的一個分析和判斷，我覺得非常有道理。

他們組織得非常謹嚴，比如說文聯打電話這個人，到現在我們還沒有找到，從目前的材料上來看，似乎為侯文正洗了冤。假定這個電話真是侯文正打的，真是他叫來的紅衛兵，我們現在也沒有足夠的證據證明是他。這就像我剛才說的，如果說侯文正是那個打電話的，叫他犯罪嫌疑人，但是我們現在沒有任何材料指證他打了電話。從紅衛兵「她」所說的證詞來講，「她」確實是聽「她」的上級，「她」把名字告訴我了，我沒有找到這個人，這裏面也指出了這個人的名字叫白乃英。女八中紅衛兵有學生的父親或者母親在文聯工作，文聯那邊發生了事情就想起打電話找女兒所在的中學

出來幫忙。打電話的這個人是誰，今天仍然是個謎，而且沒有任何線索，除了白乃英之外。「她」那紅衛兵的頭兒說，「她」是接到上級的指令，說文聯來電話了，讓咱們過去幫忙，你帶著人去吧。我要找的這個人大概才知道是誰打的電話，這個人現在無法找出來。

　　到了孔廟之後就是第一場毒打，然後有人想善意地保護老舍，看他在孔廟被打得非常厲害，怕他死在孔廟，說這樣下去出了人命不得了，老舍這樣的人級別很高，那麼大一個作家，我們負不了責任，把他送回文聯吧。先讓他回去。就開了個車把老舍拉回到文聯。到了文聯之後，就是第二個現場，老舍沒想到，也是令所有鬥爭者沒想到的就是老舍拉回來之後，遭受的第二場毒打，超過了第一場。因爲什麼？他在孔廟的時候被打出了血，頭上包著一個水袖，紅衛兵覺著他是奇裝異服，本身從外形就引起大家的側目相視，再加上紅衛兵在說他的時候，草明突然站出來說他拿了美國人的錢。這樣一來，紅衛兵所有的矛頭就都指向了他。老舍在文聯的批鬥就超過了第一場，這個時候又有人說，老舍是「現行反革命」，他打了紅衛兵。當時紅衛兵鬥老舍的時候，要給他脖子上掛一個牌子，老舍不服，把牌子摘下來。這些細節都非常有意思，有的人說老舍把牌子摘下來砸向紅衛兵，這是一個說法，有的人說他就是摘下來隨手往地上一扔，砸到紅衛兵的腳。到底是砸頭還是砸腳，當時第一現場的見證人說的都不一樣。我們相信誰，不知道。

　　當然這個細節無所謂，我們知道這個事件本身就夠了，

細節可以說是有千差萬別的，這就見出來歷史的真空所在了。我所說的意思就是，把那天的事情還原，這些細節就是細枝末梢，往歷史掛鉤上掛的時候，這些是那些花錦。

有人說老舍打了紅衛兵，是現行反革命，我們把他送派出所去。今天幾乎所有的人都這麼說，把他送派出所這個舉動是善意保護老舍，如果不送的話，老舍可能就被打死了。當時是不是這樣呢？不知道。我們完全可以按照自己的想像，按照自己的經歷，按照自己經歷過「文革」的（包括老同志）那些體會，按照今天這些人的敘述去還原、去分析。

太平湖就是最後老舍投湖的地方了。我這兒剛好有一個材料說到太平湖：太平湖在北京新街口豁口外，因其地址叫太平莊而得名，太平湖由四個大小不一的湖面組成，一九五六年以前這裏蘆葦叢生，腥氣熏人。在片片污水中葦子長得二三米高，葦塘北岸是一片冷落的亂墳崗子，稱之義園。在一九三六年繪製的地圖上稱之為貢家葦塘，一九五六年北京市人民政府在這裏興建貯水湖，半年後修成一個葫蘆狀的人工湖，附屬海淀區人民公社，也有人說太平湖是一個眼鏡湖，反正是前面一個圈兒，後面一個圈兒，前邊那個圈兒挨近馬路，就是今天積水潭立交橋南北向的一條馬路，那個圈兒叫東湖，那邊那個圈兒叫西湖，正好是東西兩個湖，中間有一座小橋。在葫蘆的腰上橫跨一座木橋，使整個湖面分為東西兩湖，東湖水面較小，西湖則很大，湖中心偏西處有一湖心島，島上長滿蘆葦，無數隻叫葦渣子的水鳥棲宿在這裏。東湖北面栽植了許多楊樹，木橋的南面是塊三角地，這

裏種植著桃樹、丁香和各種灌木，與南面的荷花池構成了太平湖公園最美的一角。湖邊的樹蔭則是近郊北京電影學院和北京師範大學的學生們複習功課的好場所，電影《水上春秋》爲我們了解太平湖留下了許多珍貴的鏡頭，那裏邊很多場景是在太平湖拍的，也許我們今天要想去找太平湖舊景的話，這大概是一個非常好的片子了。

在那動亂的年代裏，太平湖並不太平，一九六六年八月二十四日人民藝術家老舍先生就在這裏投湖自盡，當時著名藝術家許林村頂著政治上的疾風暴雨，冒著人身危險自己出資刻了一塊石碑，並落了明款親手立在太平湖畔。在我們二樓的「中國現代文學通史展」，老舍那個展牌下面就有老舍那塊小石碑，就是許林村先生刻的。

一九七一年太平湖在「深挖洞」的號召中，堆土如山，在太平湖這座美麗的公園即將從北京市地圖上消失的前夕，《北京日報》刊登了陳布達先生的關於修復太平湖公園的讀者來信，但轟轟的推土機還是將土山夷爲平地，建爲地鐵修理廠。今天當我們在太平湖遺址上悼念老舍先生的時候，只能看到高大的廠房和整齊的鐵軌，唯一的標誌就是當年東湖北岸的數十株白楊依然屹立在那裏。這又涉及另外一個問題了，就是當時準備填太平湖的時候，報紙上也有一些專家呼籲，希望保存太平湖，結果推土機就把它給推掉了。我們北京市的這種文物也好、古建也好，有多少都是在專家們種種呼籲聲中，推土機依然把它夷爲平地。這是另一個話題了。

下面就說時間「WHEN」，地點是沒有疑義的，但時間上

就已經出現疑義了。關於老舍是哪天死的，兩個說法，有意思吧。普遍的說法是說老舍「八·二三」被批鬥，晚上被友人胡先生接回家，八月二十四日早晨跟舒女的女兒說，「跟爺爺說再見」，就出走了。然後一天一夜的時間就遛彎兒到了太平湖，手裏有紙有筆可能寫了東西，二十四日的早晨在太平湖被一位遛彎兒的可能是北京電影學院宿舍的人發現湖面上有屍體，報了派出所，派出所來人打撈，就是那個片兒警叫郝希如，這是普遍的說法。我們現在所接受的好像也都是二十五日，所以我們有時候把老舍之死的忌日定在二十五日。我為什麼在書裏說八月的一天呢？因為我現在都不好說是八月二十四日還是八月二十五日，我不知道，我現在無法確定。

再有一個說法就是民警郝希如，如果他說的有很多是杜撰的和有意製造出來的歷史真空的話，他也是一個非常重要的證人。你首先得讓他說呀，對吧？打撈老舍屍體，他是片兒警啊，管北太平莊那片兒。我在採訪他的時候，刻意地追問他，是不是準確，他說，沒有錯，就是八月二十四日。他說是八月二十四日，老舍先生就投湖了。他的意思就是，老舍先生在八月二十三日被打，晚上被胡先生接回家之後，凌晨老舍就出走了，就投湖了，就死了。據郝希如說，他白天跟胡絜青有三次見面，就是說白天胡先生到了河邊跟他交接老舍的屍體，有談話。舒乙又說，白天胡先先根本就沒有去。你看這個對立的說法，這就是歷史有一個巨大的真空給我們留下來，我們要花點氣力去甄別。這是時間上這樣的說

法。

　　那麼到了「WHAT、WHY、WHO」內容、原因和人呀，就更錯綜混亂了，而且這三者是相互關聯，相互交融。「WHAT」內容咱們就指它是事件本身，我們就稍稍梳理一下，一九六六年六月一日《人民日報》發表了社論叫《橫掃一切牛鬼蛇神》，然後又有社論發表，社論的題目是《紅衛兵的矛頭始終是正確的》，就是說紅衛兵所做的一切毋庸置疑全都是正確的。緊接著八月十八日偉大領袖毛主席在天安門城樓接見紅衛兵，揭開了「紅八月」的序幕。

　　毛主席曾跟郭沫若說過這樣的一句話，「中國百代都行秦政法」。什麼是秦政，秦政就是暴政。八月十八日接見紅衛兵之後，「紅八月」的序幕拉開，各單位有的就進了紅衛兵。到了老舍之死的事件，就說侯文正把紅衛兵叫來了，然後引起了這一系列的批鬥、毒打，這個細節書裏都有，在這兒我就不細說了。

　　「WHO」就是人，更複雜了，我稍微多說幾句。咱們還說侯文正，因爲他這事兒特別有典型的意義，爲什麼文聯的人幾乎眾口一詞認定了是侯文正叫來的紅衛兵呢？侯文正是一九六六年北京大學中文系的應屆畢業生，他在畢業前被學校黨委派去北京文聯的《北京文藝》。《北京文藝》是一個雜誌，是隸屬於北京文聯的，是需要揭開那裏的蓋子。侯文正和五個同學到了《北京文藝》之後發現那裏的空氣是他所不能接受的，他進行了訓話。侯文正還在《人民日報》發表了一篇署名文章，五個人聯署的，侯文正署第一。據侯文正

自己說，是他起草的，文章的題目叫「《北京文藝》是三家村黑店的一個分店」，由此就揭開了對北京文聯、《北京文藝》的這麼一場整肅。

因為《人民日報》這麼一篇社論，所以在文聯人的記憶當中先入為主地就接受了侯文正那三個字，他們就把由此到「老舍之死」所引起的一系列鬥爭的整個事件，都跟侯文正掛上了鉤。這也是侯文正在為自己辯駁當中，為自己有利開脫的一點。他說在老舍八月二十三日被批鬥的那一天，他只是早晨匆匆在文聯露了一面，然後就消失了，就走了，對「老舍之死」事件的全過程他沒有經歷，更談不上是他叫的紅衛兵了。他也沒有否認，他確實在那天早晨到文聯之後，打過一個電話，就是這個電話被人家看見了。被看見的人呢？對地點說法又不一，所以這為侯文正自己的開脫又提供了很好的一個佐證。今天來說，侯文正已能把自己擇乾淨。

當然了，我們採訪的目的不是給某個具體的人洗冤，包括那個紅衛兵，紅衛兵在接受採訪的時候，有三次流下了眼淚，她非常真誠地悔過。但是，我不知道她是不是有一點要迴避，她一再跟我說她喜歡老舍，崇敬老舍，老舍在那個時候已經是一個很瘦弱的老人，她無心也無意去打他。她說自始至終沒有碰過老舍一個指頭，但她沒有否認打了蕭軍。一方面她站在今天話語的空間裏，說她欽佩蕭軍的骨氣，說那個時候敢於和紅衛兵怒目而視晃膀子的就是蕭軍，但是在那個時候蕭軍死不悔改，居然敢頂撞紅衛兵。她帶頭打了蕭軍一個耳光，然後其他的紅衛兵群起而攻之，這個她沒有否

認。她提起這個的時候，痛哭流涕，並且她說她始終都想方
設法要向蕭軍的家屬和老舍先生的家屬道歉，但是一直沒有
做。我當時就跟她表示，說你的這個願望我現在可以幫你完
成。我說我可以幫你跟老舍的家屬、蕭軍的家屬道歉。我眞
的幫助做了，我一月九日訪問她，春節之前我就給蕭軍的女
兒蕭耘打了電話，回來也跟舒乙說了這個事情。他們也都
是，因爲過來人嘛，對歷史的這種責任也不能由一個人來負
吧，對這一點他們都是看得很透了，對她表示原諒，因爲畢
竟當年她才十七歲。然後在過春節的時候，我們給紅衛兵打
了電話，說已經幫你向他們的家人道了歉，紅衛兵當時說，
太感激了，非常感謝。

　　我們探訪的目的不是爲了給某個具體的人洗冤，但名譽
對生活在中國現實社會的人來說是無比寶貴的，每一個被探
訪者，從一個陌生的姓名符號，變成了一張血肉豐滿的臉和
一段在漫長生命旅途中相對短暫的幾天。我們去探訪，肯定
是要把自己推回到那個時刻的，雖然片刻的交談並不足以相
互了解對方，進入對方的生活，但那噩夢般的悲劇事件無
可避免地傷害了每一位歷經者，無論當時他們是正義的維護
者，還是不光彩的背叛者。如果這件事和製造它的時代根本
沒有出現過，他們將永遠沒有那些隱痛，他們的心肯定比現
在更健康且更有生氣，更純潔。

　　所有被推上生活舞台的人，都是歷史的受害者，尤其
是險惡的歷史。過去有一句俗話叫「寧爲太平犬，不作亂
世人」，歷史留給每個人選擇的空間太小了，崇敬偉岸人格

的同時，我們又無法不悲切地將同情獻給每一顆呻吟著的靈魂，哪怕他怯懦過，卑鄙過。不信神的人們無法理解，甚至還會鄙視向神靈懺悔的衝動。不信神的人看到那些人在那兒畢恭畢敬拜佛呀上帝呀，我們還會去鄙視他。但當採訪一次次把我們帶進那樣一個血腥、恐怖、仇恨、暴力、荒謬、壓抑的漩渦時，一種來自彼岸的力量忽然滲進肌體，痛苦充溢成勇氣與堅毅，如同驟然暴發的洪水一樣衝進我們的血管，它使我們敢於蔑視這個卑微的城市，同時又對它無限關切和眷戀。

然而，無論是出於自身的精神需求還是學術上的路見不平，我們都無法也無力為這位在孤獨中離去的靈魂在人間尋回正義和公平，也難以給所有被暴力和侮辱傷害的人們帶來哪怕是些許的慰藉，我們只希望對失去親人和摯友並自願或被迫依然忍受著歷史謊言的人們表達深切的同情。我們首先自己要有特別好的一個自覺的意識，不間斷地提醒我們自己，要注意周邊可能製造的歷史謊言或者是圈套。其實我們這一生都是在不停地掙脫這個謊言和圈套的過程當中度過，從悲劇意義上來說也是挺難過的一件事。

最後這點兒時間，我想再簡單地講一講反思「文革」，因為老舍之死是與「文革」直接關聯，也是「文革」中所發生的文化人自殺的一件事件，老舍又是這麼大的一個文人。「文革」中發生這樣的事不是孤立的，導致老舍自殺的根源，其實我覺得也正是導致「文革」發生的根源，這種關聯是很密切的。這個根源究竟是怎樣的？我們至今尚沒有足夠和清

醒的審視。好像對「文革」下一紙文件，徹底否定了，給毛主席劃個四六開就完事大吉了。這個並不太符合辯證唯物主義者對待歷史的眞正態度。也可能是現在有些想法，比如說對「文革」的這種思考和認識，時機還沒有成熟，或者說大的環境還沒有允許等等。可能是有各種各樣的原因吧。

　　另外，我感覺這還涉及我們東方人對待歷史的一個態度問題，或者說是歷史觀的問題，我們總喜歡在時間上把歷史分段割裂開。相比較而言，從我們現在常常聽到的一些話語看，我們更喜歡展望未來，一來就說我們未來如何如何，五〇年代我們超英趕美，八〇年代就是我在受教育的時候，就是要做一個四個現代化的接班人。我在八〇年代上大學那個時候，我們還非常注重理想主義教育，到二十世紀末的時候我們就實現四個現代化了，我們要做那種又紅又專的社會主義事業的接班人。

　　我們喜歡展望未來，卻不喜歡反思歷史。我們的歷史觀特別實用，只希望某一個歷史主題對我們今天有用，我們也把它叫古爲今用。小時候給我印象很深的一本小人書，描寫秦始皇「焚書坑儒」的，書名早忘了。但我看到書裏那些武士們架著繩索捆綁的儒生，儒生們都很瘦小啊，繩連著繩，低頭耷拉腦，被秦始皇那些武士們抓去坑。還有就是把收集來的竹簡放火焚燒，這樣的圖景像海灘上的牡蠣一樣牢牢沾在我的腦際，永遠無法磨滅。

　　當時我所受的那種正面教育告訴我，那些書該焚，那些儒該坑，所謂「焚書坑儒」嘛，而且心中對秦始皇充滿了敬

意和崇拜。我估計這個很像我們今天所反對的日本教科書裏美化侵華戰爭。前幾天剛剛看到日本首相又去參拜靖國神社了，日本年輕人接受的是被重新塑造的歷史，也就是說被篡改了的歷史，所以日本人中的右翼，因爲日本人的右翼非常強，仍然是把侵華戰爭當成是一種，是過去的概念的延續，是把黃種人從白人的奴役下解放出來的「大東亞聖戰」。我就想把右翼跟我當時所接受的教育聯繫在一起，日本右翼所被灌輸的歷史，就像我當初把秦始皇當英雄一樣，他們也是把東條英機當成崇拜的對象，所以他們要去參拜靖國神社，對侵略中國、侵略亞洲國家沒有任何一點反省的意識，這非常可怕。如果忘記歷史，很可能就重蹈覆轍。

　　我在這裏也希望我們對自己的歷史要有足夠清醒的認識，我們提醒日本人忘記歷史意味著背叛，你也要去面對你的歷史，要告訴你的後代不要忘記歷史。面對「文革」，我們一樣不要去掩蓋它，一樣要讓後人知道。可惜的是我們今天很多的年輕人、中小學生對於曾經發生過「文革」這樣的事情可能已經不知道了，而且可能還當作笑話來談。像前些時候馮小寧有一個影片裏描寫的日本人砍中國人的頭，在現場看電影的小學生在笑，他們覺著非常可笑。可笑嗎？一點也不可笑，太沉重了。看看我們周圍「文革」疾風暴雨夾槍帶棒式的大批判早就結束了，但我感覺很多人在留戀「文革」遺風，甚至情有獨鍾。

　　我前些日子看過一張報，登了這麼一個事兒，就是今年早些時候在寧夏的銀川出現了一家名叫「人民公社大食堂」

的餐廳，門口貼著「回味過去」的條幅，餐廳的一樓展櫃裏呈放著「無產階級文化大革命勝利萬歲」、「最高指示」和《紅旗》雜誌等書刊，茱盤，就是端菜的盤子，上面印著「文革」中的最高指示。雅座、雅間取的名字都是過去的「前進大隊」、「向陽大隊」。然後喇叭裏不斷播放《紅燈記》等革命樣板戲。我想就是以商業盈利爲的目，也犯不著打「文革」這張臭屎牌呀！對吧？

　　大字報呢，我們已經看不見了，但是我們時常會有小報告、匿名信，在有些地方還很盛行。縮小到我們文學圈子，就說我們文學批評，我們也能看到一些紅衛兵式的話語霸權出現。我們有一些青年批評家總愛以正義的化身出現，去指責別人，痛斥別人，逼迫別人，好像世上的正義全長在他一個人身上了。我也可能是受我的恩師蕭乾先生那樣自由主義知識分子的影響，我非常喜歡伏爾泰的那句話，這個我已經好幾次說過了：「我完全不贊同你的觀點，但我寧願犧牲我的性命來維護你說出你的觀點的權利。」這裏看重的是個性權利，而「文革」就是抹殺個性，摧殘個性，這個虧我們已經吃得夠多了，應該早就清醒了。

　　還有一點需要檢討的，我們中國人總是不太自省，我老說大，動不動就說中國人，就說我們國人當中有一部分吧，就目前來說，我們依然是很缺乏同情心，骨子裏還殘留著非常強烈的暴力情結，我們的神經早已經習慣於接受那些以正義或革命的名義所進行的屠殺。比如說古代，很多朝代都有連坐和誅滅九族，說某臣犯罪，我們要殺他，天斃其命，定

斬不饒。但是連坐和誅滅九族，就把大臣一家子可能上百口人全殺了，而我們就從來沒有一個人敢爲那些無辜被屠殺者表示同情和憐憫。這是我們幾千年封建史和制度所留存下來的，人們都已經司空見慣了。好像都覺得那些受牽連的無辜者，同樣罪有應得，沒有人敢理直氣壯的同情和憐憫。

再像「文革」中紅衛兵毒打老舍、毒打蕭軍這樣手無寸鐵的人，他們能下得了狠手，就在於他們骨子裏的暴力情結根深柢固，一旦有機會就釋放出來，天使年紀的少女一個個全變成了魔鬼。當年打老舍的紅衛兵都十三四歲，在這種狂熱的鼓噪之下喪失理性，拿著皮帶就往老舍的腦袋上掄，血馬上就冒出來了。文學家裏一九四九年以後就剩了一個魯迅，毛主席對魯迅有很高的評價，偉大的思想家、革命家、文學家，紅衛兵可能還拿魯迅的話當成自己的一個支點，「敢於正視淋漓的鮮血」。打了老舍，鮮血冒出來了，他覺得這是一種革命成果。當時可能就是這樣，今天看起來，他可能悔過了，可能反思了，但是如果過了多少年之後，我們依然有這樣的空氣，依然有這樣的環境，十三四歲的女孩子讓你去打一個老人，你去嗎？我不知道。

有一個問題我一直在思考，從古至今，所有的施暴者和受暴者很少考慮權利，這也是我覺得國人很少探討的一個方面，我們現在爲什麼老是強調權利，權利就在這兒。比如說對施暴者來說，他從來不想誰給你施暴的權力，你有嗎？你沒有。受暴者也從來不想，誰給你濫施暴的權力，誰給你這種受暴而不抗拒的權利呢？前幾天報上又登載了，好像深圳

一個什麼單位，上百名女工被搜身。被揭露出來之後，女工們都不幹了，當時在現場一百多個女工沒有一個人敢於反抗。

前些時候，我在報上看到了這樣一件事情，就是陝西一個村鎮的黨委書記，濫用職權，將一名無辜的農民扣上抗稅的帽子，非法拘禁，然後指派數名幹部將他押在車上遊街示眾，類似的事件頻見報端，可見「文革」手段早已深入人心。我們現在做某些事情的時候，從來不去想。比如說某一個人犯了錯，尤其是在農村，所用的手段就是繩捆鎖綁、遊街示眾，這就是「文革」。我們現在還在繼續呀！

如何避免重演「文革」悲劇呢？鄧小平早在一九八〇年接受意大利記者採訪的時候就說過這樣一句話，「中國如何避免再犯文化大革命的錯誤，還要從制度方面解決問題。我們這個國家有幾千年封建社會的歷史，缺乏社會主義的民主和社會主義的法治，現在我們要認眞建立社會主義的民主和社會主義的法治。這是一個根本，是一個讓我們不重蹈覆轍的根本，光有法治還不夠，還要講德治」。

今年江總書記提出來要「以德治國」，我一直覺得「以德治國」是對「以法治國」非常好的補充。因爲有些事你做的不違法，但是你缺德。你比如說有一個抱小孩兒的人上車了，你不讓座，沒有人判你違法，但是你缺德，就是你的德治不夠，你的德行不夠。所以說法和德兩者應該是非常相匹配的。我們現在已經丟掉了非常多的好品性，道德滑坡，精神貧瘠，尊老愛幼變成了尊權愛錢。這我有非常深的體會，我的女兒非常小，也就兩歲。我有好幾次，上下班的高峰期

在復興門地鐵換乘站，我抱著孩子上不了地鐵，上不了車，沒有人給你讓，連一條道兒都不讓。而且有時候我抱著孩子上公共汽車之後，那些人的眼睛都是冷漠的。我有一次好像就是坐門口這個一一九路車吧，抱小孩上班，晚上回家，沒有人給我讓座。有一個七十歲的老人站起來，說：「小伙子，你抱孩子坐這兒。」我這人氣性很大，算書生意氣吧，我說：「老先生您坐，我寧肯抱著孩子站著，我不坐。」我要等周圍有年輕人給我讓座，沒有！我心裏非常痛苦，我就總覺著這又是「文革」啊。

也可能是我想大了，總是自己杞人憂天。所以我就說歷史上的老舍之死帶給我們的現實思考太多了，不僅僅單單是一個文人自殺的事件，它所包含的歷史的、文化的、哲學的、社會經濟方方面面的思考太多了。希望我們不要讓老舍之死連同那被填平的太平湖一起消失。謝謝大家！

下面還有時間，有問題的朋友們提出問題，我來盡可能地解答。

問：從您作主持人到這場講座確實給我們留下了比較深刻的印象，文學上有很高的造詣，而且寫得也特別有思想，我幾次都想說，您是不是把自己對社會的看法，包括對「文革」的意見認識，以您個人的名義或者是聯名向國家領導人，把自己的思想能夠反映給中央的高級領導人，這樣是不是對我們國家在「以德治國」方面，有比較大的幫助。謝謝！

答：我想在這個問題上，中央領導人肯定比我聰明多了。我所想到的他們應該都有所想，我所說比如說對於「文革」

反思的問題，我想他們腦子裏邊也一定在想，可能就是覺著時機沒有到吧。比如說反思「文革」吧，非常重要的一點有一個投鼠忌器的問題，可能有好多經歷過「文革」的人目前還在世，而且有一些「文革」當中的事可能目前還沒有到揭開蓋子的時機。國外不都有檔案解密制度嗎？多少年之後才解密。可能目前我們有一些材料也好，檔案也好，還沒有到解密的時間，這可能得有一個過程。如果說我的思想超越了中央領導人，那我就該進中央政治局了。

問：我覺得您剛才做的報告，確實特別好，另外因為我就是在新街口長大的，對太平湖也挺有印象的，「老舍之死」這事兒，我一直挺關注的，我就想問一個具體的問題，剛才您說對草明這個女作家，老舍家屬對她不太諒解。但我看《作家文摘》報紙上，有一次浩然就講「文革」過程中，「老舍之死」當時的那個情況。後來就說草明揭發老舍，也是拿美金的事兒。舒乙說，草明的事兒就不要講了，給人的印象老舍的家屬和草明好像和解了似的。因為這書我剛買了，還沒來得及看，從您剛才講的過程中，覺得老舍家和草明好像還是有點過節兒，有點兒對立似的。但我看報紙上那意思，舒乙那意思就是說，這事兒不要提了，草明這事兒不要談了。他對浩然比較有看法。我好像不太明白。可能這個問題比較小，就提到這兒吧。

答：舒乙先生明確表示過對於草明，他們家表示了諒解，因為畢竟是那麼大歲數的人了。現在我所說的是，草明本人對這個事件的反省和認識不夠，包括她接受我訪問的時

候，她還在以這樣一種輕描淡寫的態度，可能是一種什麼呢？我分析可能有這麼一種原因，就是草明曾經到舒家道過歉，她覺得自己還算是真誠的，這種道歉行為沒有得到積極的回應。因為這書裏面，舒乙已經講到，胡先生一直是隻言不發的，草明等於是灰溜溜地走了。她來道歉的時候，那天正好舒乙在場，採訪的附錄當中有這個描述，他正好在場。草明在這次道歉之後，又怕舒乙在文章裏提到「老舍之死」的時候點她的名，又找作協的領導通過組織手段找舒乙談話，基本上是懇切地請求他，希望他在再提及老舍之死事件的時候，不要點草明的名兒。當時還是主管作協書記處常務工作的一位書記鮑昌，現在他已經去世了，找到舒乙談這個意思。舒乙的表示就是既然領導來找我談這個了，我答應你，我以後在文章中不再提她的名字，所以大家看舒乙寫的《父親最後的兩天》，在描寫到「文革」當中「八·二三」揭發老舍把版權賣給美國人的時候，沒有點名。雖然大家都知道是草明。現在事情就在於什麼呢？草明你自己應當有一個什麼樣的態度來反思和認識歷史。

關於浩然又是另外一個問題，就是舒乙在反駁浩然的時候，說浩然在說謊，那麼有沒有說謊呢？我們可以去分析，裏邊大概是有說謊的成分在。如果他說謊，那麼他說謊的目的是什麼？有可能是為了減輕或開脫一些自己在「文革」期間的一些責任，因為今天我們許多人的做法，都是當別人找上門來的時候，往自己的臉上塗脂抹粉，把自己當年的（如果說是）罪責，盡可能地減輕或者降低，讓自己的良心多

多少少得到一點寬慰。但是這種方式本身能不能讓你得到寬慰，我覺得是得不到的。但是對於一個人來講，他是有人的弱點的，他如果說不加任何掩飾地把自己當時的那種醜形、惡態袒露出來的話，那他覺得他可能會遭到家人、社會輿論無比強大的壓力，就像草明一樣。如果說她很早就來說這個事兒的話，她即便這樣，她已經背負著非常大的輿論壓力了，她都找組織出面了，你不要在文章中點我的名啊，我受不了。所以我覺得草明的這種做法呢，一是可以理解，二就是她應該做得更好一些。別人諒解不諒解是一回事，你自己是不是真誠懺悔是另外一回事。我覺得草明，第一點別人諒解她了，第二點她自己懺悔不夠。

　　問：我想提個問題，關於「老舍之死」您做了很多工作，這個史料很詳實，剛才提到了怎麼樣看待歷史問題，因為現在我們有不好的風氣，也就是說往往是根據現實主義的需要來詮釋歷史的，並且在很長時間，把這個一貫說成是歷史唯物主義的提法，我希望再聽聽您的見解。

　　答：大體意思我剛才都已經說了，就是我們對待歷史的態度，首先你要讓自己冷靜下來，不要相信任何一種宣教式的灌輸。你要不疑處存疑，有疑處更疑，任何一部史書，你都要先打一個問號，如果你真的想研究這個問題，你比如說，你要想真的研究「老舍之死」這個問題，你一定要把相關的原始材料盡可能地蒐集全。你不要看那些道聽途說的，去看別人旁述的，這是站不住腳的，就像拿楊沫日記去指證侯文正不能當足夠的證據一樣，就是你不可以用十幾年之後

的追述當成當天的實證。我覺得在歷史上，首先要有這麼一個特別細微的區別和分析。

　　另外就是要想到有一點，特別是我們現在有一些口述歷史，就是要注意它那個空間，有多少是在昇華。比如像舒乙說，浩然在說謊。他覺得他說謊，那個謊就是真空，就是空間，他留下了多少空間呢？他說他通知老舍家人，通知胡先生說老舍死了，胡先生的回答很冷漠，說死了就死了唄。舒乙說這個是絕對無法接受的。這是在「老舍之死」上一個值得探討的問題。

　　還有一個就是總有人揣測，說到老舍家人的時候，有各種各樣的說法，因為有些人可能是怕對家人有各種揣測不好說。有人就說老舍自殺跟家裏邊不給他溫暖有關係，說如果家裏邊給他一些溫暖，老舍先生就不會死了。我覺得這種分析是單項的，就是單方推測，而不是很客觀的思考。我覺著老舍受難，他這樣一個文人，這樣一個熱愛生活懂得幽默，一輩子沒有受過辱，尤其沒有受過這種辱的一個文人作家，我剛開始的時候省略掉了原因，我在這裏就多少再談一點原因，就是老舍先生為什麼會自殺。他在自己的作品當中有一個現象，就是他小說當中的好人最後的結局基本上都是投水自殺。我想作為一個作家來說，他在潛意識當中自己在選擇自殺方式的時候這也可能對他有影響，這是方式上。還有一個就是《四世同堂》裏邊的那個祁老人祁天佑，他的死跟老舍先生的死在形態上幾乎是相一致的，就是祁天佑受辱被掛牌子遊街，最後不堪其辱投湖自盡。你像老舍這麼一個大文

人，在「文革」當中被十四五歲的紅衛兵進行了這樣肉體和心靈、精神上的摧殘，他是無法承受的，即便是回到家，家人對他非常溫暖，我想是會的，他依然可能會去死。我們不能僅僅說如果家裏人給他溫暖，他就不會死，這個分析我覺得是站不住腳的。我的分析就是說，給他溫暖，他依然會去死，老舍的死是在劫難逃，必死無疑。

這還涉及到「文革」中的一些偶然性和必然性，以及老舍自身死的偶然性和必然性。我們突兀地去看老舍之死，好像覺得老舍之死很突兀，就是他不經意間到文聯來參加「文化大革命」，然後被突如其來地批鬥、毒打，然後就不堪其辱，自殺。其實你細想一想的話，這也不是個偶發事件，而是個必然。從一九四九年以後，甚至從延安時期「搶救運動」等等這些以文化人爲革命對象的一系列的政治運動來看，已經是在進行著一次又一次小「文革」的演習，只不過到「文革」的時候登峰造極了，是一場總爆發。

像老舍先生在一九四九年以後，創作上也好，工作上也好，可以說是一個雙重楷模，他畢竟是被我們待若上賓的，一九五〇年周總理請回國的。作爲老舍來講，他本人可能有一個自己的善良分析，像我這麼一個身份的作家和文人，去參加一個運動，只不過是走走過場敷衍一下，他們也不能拿我怎麼樣。就說老舍這位老人，你想他回國的時候已經五十歲了，半百了，經歷了種種風雨人生，他不會像一個年輕的小伙子一樣毛毛躁躁，他對現實對政治肯定有自己的一種思考。一九五七年有很多年輕人被政治鼓噪就去揭發去批判，

老舍在一九五七年的時候沒有直接寫文章，沒有正面參加批鬥會，批判任何一個人，而完全是以他特殊的老舍式的幽默把一九五七年的反右化解開了。但他心靈中對這樣的一個運動，是會有自己的眞實的思考和認識的，所以到後來的時候，他雖然對政治運動只要讓他去參加，他就去參加，但是他心裏已經有自己的思考了。

像參加「文革」，書裏面也提出來，老舍爲什麼要參加「文革」，他是不是可以不去呢？「文革」之前老舍就因病住院，而且還吐了大量的血。康生打電話到醫院裏，康生說，你是人民藝術家嘛，單位的「文化大革命」你去看一看。你想，作爲老舍來說他再不想去，再不願去，康生當時這麼一個地位的政治家給他打電話，他不得不去。所以說老舍的偶然，也是帶有很大的必然的。他去的時候他是想這運動可能還會像以前一樣，以前他也參加過運動啊，只不過是敷衍敷衍就過去了。他這次可能也是這麼想的，雖然他對運動有看法，但是他又礙著一種面子，滿族人有著一種特別的面子，去了之後所發生的運動是預料不到的，他沒有料到這次運動以這樣一種方式呈現，而且完全是一種秦始皇式的「焚書坑儒」。在這一天當他認識到自己已經成了被坑的儒之後，被打之後趴在火堆邊上，對此端木蕻良有非常好的描述，蕭軍也有非常好的描述，就是這些年過半百的老作家，被紅衛兵逼著在孔廟的那堆火周圍趴著匍匐在地，三十七八度的熱天哪，紅衛兵那麼年輕的年紀都受不了酷熱，何況這些六十多歲的老人呢？你想老舍這樣的一個作家大文人，這麼的有

氣節有骨氣，在那樣的烈日炎炎下慘遭毒打，然後從孔廟回到文聯又一頓毒打，最後被送去了派出所。那個時候，我想他已經橫下了一條心，去死！

而且還有一點，爲什麼說他是很有意識地去選擇死，還有人提出來爲什麼選擇太平湖，他家住在燈市東口的豐富胡同，就是今天掛上牌兒的老舍故居，他從豐富胡同走到太平湖中間的路很遠，不可能不路過什刹海、前海、後海，好幾個海。爲什麼不在那兒投湖，選擇太平湖。那麼我想他應該在腦子裏邊有一個很清醒的思考，這個疑點還是舒乙披露出來的，老舍爲什麼選擇太平湖？舒乙在有一次查閱舊北京地圖的時候，找到了答案。老舍先生曾經在太平湖的對面叫觀音庵的一個地方，給母親買過一所房子。老舍的母親是在那個地方去世的，老舍先生選擇太平湖是有意在太平湖以死殉難，到九泉之下尋找母親。我想老舍按照他作品當中爲好人所設計好的自殺的結局，去投水，然後投水又是去找自己的母親，這種分析我覺得也是非常合情合理的。當然我們也可以有各種各樣的分析，但這種分析一定要有一些史料或者說是檔案爲依據，那麼我想舒乙的分析他是有依據的，是客觀的。

問：我想問一下和我們年輕一代有關的問題，我看您書上有一些採訪，老年間的過來人不經意地說那麼幾句，您太年輕了。好像您太年輕了，不能體會當時的情況。我想問您，您對這句話的看法，比如說你不同意這句話的看法，那麼就涉及到一個權利的問題，就是說我們年輕人現在去做

「文革」研究，對歷史的反思，我們年輕人，就是沒有生活在那個年代裏的人有什麼權利，或者是更大的問題，我們怎麼有權利去研究這個問題。

答：我想研究「文革」，任何人都有這個權利和自由，只要你願意去做，沒有人去阻攔你，所下的工夫呢，就看你自己是不是肯在這上面用功花氣力。像美國漢學家研究歷史，有的只會讀中文，中文的閱讀能力很強，但都不會說中國話，他研究漢學取得了那麼好的成果，有一點我覺得非常值得我們欽佩的，他有非常好的方法，非常好的視角，不是我們慣常接受的那種。爲什麼有一些史著至少我讀起來沒有讀美國漢學家那些史著的感覺。像費正清的高足孔飛利寫過一本《叫魂》，他寫的就是乾隆年間，一七八四年左右的盛世妖術。乾隆年間被稱爲是中國清代的一個盛世，但是在盛世之下有妖術大流行，就像我們現在，也算是生逢盛世，還有「法輪功」。你可以有一種非常好的歷史分析，這就涉及到中國人爲什麼有很多人會陷入到一種迷信中去，像在乾隆盛世年間，有這樣的大妖術盛行，爲什麼盛行？這個孔飛利就到中國的清史館，完全是查清朝的原始歷史檔案材料，然後用這些歷史檔案材料進行自己的非常好的一種歷史分析。它這個歷史分析，就不單單純純是歷史的東西了，涉及到很多方方面面，歷史呀，經濟呀，文化呀，社會呀，政治呀，從綜合的一個角度對這個東西進行分析。

我們往往只對一個結果感興趣，而對它興起的原因和過程往往忽略掉了，這也就是說，我們今天有一些對歷史的看

法，習慣於用過去的一個歷史事件的主題，主題恰恰是結果產生的，來爲我們今天作注腳作解釋，而恰恰忽略了過程和原因。像關於義和團運動還有太平天國運動也是這樣，現在已經有西方和我們自己的歷史學家，從歷史檔案去研究得出自己的一種分析，跟我們以前所接受灌輸的義和團和太平天國有非常大的區別，這跟我們自己的接受能力、閱讀能力、分析和思考能力就非常有關了。

我們雖然年輕，剛才那位女士跟我說，他說有一個人說你太年輕了。在我出上一本書的時候，我正好在北京大學巧遇季羨林老先生，他跟老舍先生是朋友。我就請他也談了對「老舍之死」的看法，他提「文革」的時候就說，這麼一場野蠻的喪失人性的運動，我們至今的反思還非常不夠，我不知道你能不能明白，你還年輕。我說，是，我還年輕。但是我可以用我的學術想像，用我的一種學理的分析，用我所蒐集來的這些史料，就像孔飛利研究清史檔案一樣，我也可以用這種方法去研究過去留下來的材料，並且還不光是研究，我還在爲後人研究那段歷史，留下非常寶貴的歷史原始材料。今天我們所做的，我爲什麼覺著非常有意義有價值，而且不辭辛勞地斷斷續續奔波了八年，從一九九三年，我就覺著這個事情意義和價值本身遠遠超出了老舍之死。它所包含的內涵，我覺著某種角度上，比如說老舍之死，最後結局是老舍之死，但是老舍從生到死的過程恰恰可以折射出二十世紀中國知識分子某些原生態的東西。

所以我想說，我的下一本著作，就是要踏踏實實地寫一

本老舍之死的研究專著。我這兩本是原始資料性的，已經爲我寫下一本書打下了非常堅實的史料基礎，我不知道是不是能夠有像美國漢學家那樣的能力把這書寫好。我腦子中有了一個框架，當然想像中所寫的東西比你眞寫出來的東西可能相差很遠，我想得好，可能寫出來很差勁，這就看個人的修行吧。如果眞有兩下子就能讓朋友們滿意；如果是一個假冒僞劣，就草草收台。

附記：

此「她」非彼「她」

調查採訪「老舍之死」在某種程度上無形中把我「逼」成了個記錄「口述歷史」的書記官的角色。我必須尊重每一位作爲歷史敘述者的權利和責任，雖然他們所說在多大程度上還原了歷史本眞，我常常也有質疑，但我不能夾雜進任何個人的主觀評判，因爲我要保持一個對此「個案」的「公是公非」。至於將來我怎麼研究這個題目，則另當別論。

二〇〇一年九月二十一日《作家文摘》上發表的《我沒有打過老舍》一文，係轉載原刊今年第四期《山西文學》上我和鄭實一起採訪的《自始至終，我沒有打過老舍一下》一文。爲遵守我們對受訪人的承諾，文中隱去名姓，只是以「她」稱之。但有意思的是，此「她」卻引出了彼「她」（因爲這位女士同樣要求我隱去名姓，我只好稱呼她爲彼「她」）。

　　此「她」是一九六六年八月二十三日率紅衛兵衝擊北京市文聯的女八中紅衛兵的頭頭兒，這點已毋庸置疑，此「她」亦未否認。「她」稱自己在「文革」前擔任「學生會的體育部長」。但彼「她」卻有充分的人證和確鑿的物證，證明是她才在一九六六年擔任著「女八中學生會體育部長」一職，而且她既不是紅衛兵，也不是造反派，同「老舍之死」的「八・二三」事件沒有任何瓜葛。

　　那彼「她」爲什麼對此事如此憤怒呢？原來正是因爲文中隱去名姓而只用「她」來稱之造成的。彼「她」及她當年的女八中同學理所當然地以爲文中的「學生會的體育部長」，即率隊衝擊市文聯的就是指她，並沒有想到這個「體育部長」其實是此「她」而非彼「她」。彼「她」便由此覺得給她造成了名譽上的傷害。

　　當然，如果此「她」肯於公開姓名也就不成問題了。因爲即便「她」所說擔任「體育部長」一事，可能是記憶有誤不屬實，彼「她」及她的同學也就不會誤以爲此「她」即彼「她」了。彼「她」希望我爲她澄清她才是「學生會的體育部長」，並與那事件無半點關聯的事實，其出發點也正是在這裏。我當然願盡我道義上的責任替彼「她」公開說明這一點，也好還不明就裏的讀者一個明白。